Le Jeu Intérieur du Leadership

Le Jeu Intérieur du Leadership

Comment les leaders gagnent les batailles de l'intérieur vers l'extérieur

Par

Hermann H. **CAKPO**

The H&C Group

Le Jeu Intérieur du Leadership

Achevé d' imprimer le 16 juillet 2018
Sur les Presses de HIGH PRINTS AFRICA
Mise en page : HYPCOM
Tous droits réservés@Hermann H. **CAKPO**

Seuls ceux qui sont prospères et en paix à l'intérieur d'eux-mêmes arrivent à créer les conditions de paix et de prospérité avec les autres

SOMMAIRE

AVANT PROPOS 09

Chapitre 1
LE POUVOIR D'IMPACTER SON MONDE A PARTIR DE L'INTERIEUR 13

Chapitre 2
LE POUVOIR DE LA CONSTRUCTION DELIBEREE............ 29

Chapitre 3
LE POUVOIR DE LA SOLIDITE A PARTIR DE L'INTERIEUR. 55

Chapitre 4
LE POUVOIR DE LA BANALISATION DES DEFAILLANCES EXTERIEURES 81

Chapitre 5
LE POUVOIR DE LA NORMALITE CONSTANTE................. 107

Chapitre 6
LE POUVOIR DE LA GRANDEUR INTERIEURE................ 143

Chapitre 7
LE POUVOIR DE LA CONSTRUCTION DELIBEREE............ 165

Chapitre 8
LE POUVOIR DE LA BIENVEILLANCE STRATEGIQUE........ 191

AVANT PROPOS

La transformation personnelle est le début de toute transformation qui nous ouvre les voies de notre prospérité durable.

Alors que beaucoup de gens sont fascinés par le changement de leur apparence et peuvent parfois penser que le fait de gagner la guerre contre les autres suffira à leur garantir la paix intérieure durable, tous les résultats seront subitement à notre portée lorsque nous savons nous concentrer sur le travail de notre transformation à partir de l'intérieur.

L'une de nos phrases de référence si ce n'est notre alibi pour pratiquer le développement personnel, c'est que nous avons compris longtemps à The H&C Group que le travail le plus important à faire, c'est le travail à faire sur soi-même.

Notre objectif ne mettant ce live à votre disposition est que vous puissiez maîtriser ces fondamentaux dont la mise en pratique vous permettra de devenir la personne la plus libre, la plus forte, la plus confiante, la plus paisible, la plus harmonieuse, la plus inspirée, la plus déterminée et la plus heureuse que vous connaissez.

Lorsque vous allez commencer à pratiquer le Jeu Intérieur du Leadership, vous vous rendrez compte que la transformation et l'amélioration positives de vos conditions et des résultats dans votre vie et de votre carrière a toujours dépendu de votre capacité à prendre le contrôle de l'usine de commande de votre vie intérieure.

Vous allez être choqués par le caractère inédit des concepts, principes et modèles de prospérité en leadership que vous allez découvrir dans ce livre. Si vous réussissez à intégrer ce nouveau monde de prospérité à partir de l'intérieur, vous allez devenir surpuissant et inébranlable. Dans un premier temps, les gens autour de vous vous trouveront « Bizarre ».

Certains se demanderont ce qui vous a pu vous arriver pour que vous changiez aussi radicalement votre façon de voir les choses et d'interagir avec les autres. Ensuite, progressivement, vous allez sentir vous-même un pouvoir dense prendre le contrôle de votre microenvironnement et les résultats que vous allez produire vont de plus en plus étonner le monde.

Etonnement, vous n'aurez pas besoin de changer les conditions extérieures. Vous aurez besoin de changer vos conditions intérieures. J'ai douté pendant longtemps, mais c'est clair maintenant, tout se gouverne à partir de l'intérieur. J'ai entendu les vieux de mon village dire que la couleur du crachat signale l'état de santé. J'en suis certainement plus que jamais convaincu.

Plus convaincu je suis encore de ce que Jésus-Christ de Nazareth disait : « Rien de ce qui entre par la bouche de quelqu'un ne peut tuer. C'est ce qui en sort qui tue ».

Vous voulez bâtir des relations prospères avec les autres, impacter votre monde extérieur, créer exactement ce que vous voulez, attirer à vous les circonstances et les personnes dont vous aurez besoin pour améliorer vos résultats et étendre les champs de votre prospérité ? Ce livre vous en révèlera les secrets.

Dernières recommandations : Appliquez-vous vraiment à commencer à jouer le jeu intérieur du leadership et vous prendre le contrôle de vos résultats extérieurs. Pour aller plus loin, vous pourrez ajouter Le Jeu Mental de la Performance que vous trouverez dans la collection The H&C Group. Entretemps, nous nous mettrons à votre disposition pour vous coacher à jouer le jeu intérieur du leadership et atteindre la sérénité illimitée.

A votre rayonnement total !
Hermann H. CAKPO
Abidjan le 21 juillet 2018

LE POUVOIR D'IMPACTER SON MONDE A PARTIR DE L'INTERIEUR

Seuls les gens prospères et en paix avec eux-mêmes créent les conditions de paix et de prospérité avec les autres.

J'échangeais avec un ami qui aurait pu devenir un égyptologue, comme Cheick Anta Diop. Il ne le serait pas devenu parce qu'il aurait aimé démontrer que les égyptiens étaient des noirs mais parce qu'il voulait percer les secrets de leur ingéniosité, cette ingéniosité qui leur a permis de construire les pyramide.

Il aimait souvent me dire : « Je veux pouvoir impacter mon monde. J'aimerais pouvoir dire à la pluie de s'arrêter et elle s'arrête. J'aimerais pouvoir regarder une personne et lui dit : « Demain, telle chose va t'arriver. J'aimerais pouvoir parler à une foule de gens et au bout de quelques minutes ils se ruent sur mes produits et se mettent à les acheter. J'aimerais pouvoir faire apparaître devant une personne à qui je veux parler et lui parler sans qu'elle se déplace ».

Un jour il était en train de me rappeler ce grand rêve qu'il avait quand je lui dis : « Mais, tu sais, moi j'arrive à faire tout ça. Mais j'ai l'impression que tu n'y arriveras pas facilement ». Il demanda alors : « Pourquoi donc? ».

Je lui répondis qu'il essayait de contrôler son monde extérieur au lieu de l'impacter à partir de l'intérieur. Mieux, il essayait de dominer son monde extérieur au lieu de dominer son monde intérieur. Il a un grand obstacle qui l'empêchera de prospérer au-delà de l'imaginable : Son ego. Il veut faire les choses pour qu'on dise que c'est lui qui a fait. Il veut réaliser l'extraordinaire pour avoir le nom de l'extraordinaire au lieu de rendre son monde intérieur extraordinaire.

Il est important de savoir où se trouve le désordre.

Je me suis souvent demandé pourquoi tant de gens cherchent à impacter leur monde extérieur et y mettre de l'ordre alors qu'ils savent très bien qu'il y a un désordre profond à l'intérieur d'eux-mêmes. Pourquoi nous cherchons si tant à mettre de l'ordre dehors alors qu'à l'intérieur de nous il y a du désordre ? Vous vous êtes peut-être déjà posé la question ?

Un jour alors qu'un collaborateur m'avait poussé à bout (je ne peux dire qu'il m'avait énervé), mon ami qui était à côté me demanda : « Tu ne vas quand même pas le laisser partir ainsi ? ».

Je lui répondis : « Je veux me réconcilier avec lui à l'intérieur de moi-même d'abord. Ensuite lui trouver des circonstances atténuantes. Et une fois que je m'assure d'être calme et d'avoir pu comprendre comment il a pu avoir une telle attitude, je vais me demander comment j'aurais pu l'aider autrement. Et c'est seulement quand j'aurai une idée de comment j'aurais pu l'aider autrement que je vais aller vers lui parce qu'en ce moment, j'aurais compris que le changement devrait venir de moi et non de lui ».

Il était tout étonné. Puis il me demanda : « Comment tu arrives à développer une telle maitrise de soi ? ». Je lui dis :

« C'est seulement maintenant qu'on peut parler le même langage. Il est question se maitriser soi-même et non d'essayer de maitriser les autres. Il est question de mettre de l'ordre en soi-même au lieu de chercher à mettre de l'ordre chez les autres. En fait, il faut savoir où se trouve le désordre et le contrôler avant d'avancer. Les leaders savent toujours que tout désordre qu'ils ont en face d'eux a germé à l'intérieur d'eux-mêmes. C'est pour cela qu'à chaque fois ils remontent à l'intérieur d'eux-mêmes pour opérer les corrections et rétablir le rayonnement extérieur ».

Il me dit alors : « Tu devrais construire un programme pour aider les leaders à faire ce travail intérieur et améliorer leur capacité à se gouverner à partir de l'intérieur. J'aimerais que tu commences avec moi ».

Nous avons entrepris alors un programme de coaching et progressivement, nous avons travaillé sur les principes et pratiques qui allaient lui permettre de pouvoir se gouverner à partir de l'intérieur, être leader à l'intérieur de lui-même afin de manifester plus facilement du leadership dans sa vie et dans sa carrière. Vous allez pouvoir entrer dans ce monde alchimique vous aussi. Et lorsque vous y arriverez, vous vous rendrez compte de ce qu'il y a toujours une vanité à vouloir changer son monde à partir de l'extérieur.

Le leader est un architecte

Un jour j'étais avec une responsable marketing qui devrait me présenter le bon à tirer d'une affiche. Plus de trois fois, elle avait tiré une copie et à chaque fois elle s'énervait et froissait le papier et le jetait à la poubelle. Elle s'en voulait tellement au point où j'ai dû lui dire d'arrêter.

« Vous n'êtes pas content du résultat ? Si je suppose que votre imprimante n'a pas de défi, cela doit être lié à la qualité du fichier. Vous ne pensez pas ? Pourquoi ne pas retourner à la visualisation du résultat parfait que vous voulez, le comparer au fichier que vous avez dans votre ordinateur et voir les changements à apporter, apporter les changements, faire votre aperçu avant impression et lancer à nouveau l'impression ? Qu'en pensez-vous ? ».

Elle suivit ma proposition et le résultat lui convenait enfin. A la fin, elle me demanda : « Comment vous expliquez cela ? C'est dingue que je ne prenne pas souvent le temps pour visualiser et pourtant, c'est ce qui constituait ma plus grande force ? ».

Je lui ai répondu qu'il est possible qu'elle soit devenue un peu trop impatiente et qu'elle ne sache plus prendre le temps de concevoir mentalement et d'utiliser la puissance de la construction architecturale. Elle m'expliqua qu'il arrive souvent que les délais de livraisons tuent le temps de réflexion et de conception. Effectivement ! Et c'est justement ici que les leaders s'emploient à jouer efficacement le jeu intérieur du leadership et de la performance.

Comment jouent-ils le jeu donc ?

- Comme pour l'architecte qui voit que la forme de la maquette ne correspond pas exactement à ce qu'il voulait, le leader ne s'impatiente pas devant les imperfections, il sait que les imperfections sont des imprimées du livré et du réalisé, pur résultat de la conception architecturale de ce qu'ils se sont dit dans la tête ;

- Le leader a constamment foi au facteur de production. Il se dit tout simplement que c'est lorsque la matière première n'est pas bonne que le résultat n'est pas bon. Par exemple, lorsqu'un collaborateur a une défaillance, il ne se demande pas ce qui ne va pas avec lui, il se demande comment lui en tant que leader pourrait mieux le prendre pour le rendre moins défaillant.

- Au lieu de supposer que c'est parce que les gens sont tarés ou qu'ils n'ont pas la volonté et qu'ils ne produisent pas du résultat, le leader se demande: « comment réussir à amener les gens qui sont tarés ou n'ont pas la volonté à produire du résultat ? Qu'est-ce que moi je dois faire pour les amener à produire du résultat ?

- Lorsque les contingences se présentent et que les évènements ne correspondent pas à ses attentes, le leader ne s'en prend pas à eux. Ils se demandent tout simplement comment corriger les pensées et les doutes qui ont été à l'origine des contingences.

Les contingences et les difficultés sont les imprimés du doute et de l'hésitation

Il est clair que la plupart des gens n'acceptent pas que l'homme est le produit de ses pensées. Lorsque Henri Ford dit par exemple que celui qui dit qu'il peut a raison et que celui qui dit qu'il ne peut pas a également raison. Mais, cela a peu de sens pour beaucoup.

Dans l'entendement de la plupart de gens, lorsque les résultats ne sont pas bons, c'est lié à ce qui suit :

- La mauvaise fortune s'est abattue sur eux et ils n'ont pas du tout eu de la chance ;

- Pour certains, Dieu est en train de le punir ;

- Quelqu'un n'a pas bien fait son travail ;

- C'est à cause des agissements de leurs concurrents ;
- Le gouvernement et l'employeur en sont certainement pour quelque chose ;

- Le fournisseur et les collaborateurs n'ont pas fait leur travail ;

- Pour d'autres, c'est une malédiction généalogique qui s'abat sur eux et les empêchent depuis plusieurs années de se tirer d'affaires.

Il va de soi que pendant plusieurs années, j'ai

personnellement nagé dans ces conceptions. Mais au fur et à mesure que j'étudiais la Bible et me rapprochait de Dieu, quelques moments importants m'ont rassuré de ce que tout dépend de ce qui se passe au-dedans de moi.

- Le moment où Dieu a dit à Moise de frapper le rochet pour qu'il en sorte de l'eau et il a douté ;

- Lorsque j'ai pu lire Job se désoler : « Ce que j'ai le plus redouté, c'est ce qui m'est arrivé » ;

- Lorsque Jésus de Nazareth marchait sur l'eau et Simon Pierre a voulu marché vers lui mais s'est mis à douter quand il est arrivé au milieu de l'eau. Jésus Christ de Nazareth lui a dit : « Homme de peu de foi, pourquoi as-tu douté ? »

- Ou encore lorsque Jésus dit à Batimée - un aveugle qui avait foi que Jésus-Christ de Nazareth pouvait le sauver : « Ta foi t'a sauvé »

Je me suis permis de prendre ces exemples, plutôt religieux, ce qui peut paraître hors contexte parce que contrairement à ce que la plupart des gens peuvent penser le fond de la religion est plus proche de la foi constructive que l'athéisme. Curieusement, ceux qui doutent de l'existence de Dieu semblent utiliser leur pouvoir de création et d'impact sur le monde à partir de l'intérieur et de leur foi que ne le font ceux qui sont des bondieusards. Ou dans le meilleur des cas, lorsqu'une situation survient, les non religieux et les religieux s'inquiètent de la même manière (à la différence que le religieux se met parfois à prier sans foi et le non religieux se met à philosopher).

Quelqu'un m'a dit si je devrais avoir de regret ce que cela serait. Je lui ai répondu que je ne regrette pas mais j'ai souvent honte de n'avoir pas suffisamment cru que je suis capable de réaliser tout ce que je crois.

Il m'est arrivé à plusieurs reprises de vivre les situations suivantes :

- Oser rêver d'une grâce ou d'une réalisation et me retrouver en train de l'obtenir et me dire : « Donc, ça marche » ;

- Passer à côté d'une opportunité et de voir clairement que c'est parce que je n'ai pas cru et que je me suis mis à foncièrement douter ;

- Craindre le pire et me retrouver bel et bien en face de ce que j'ai le plus redouté ;

- Ne pas réellement désirer un résultat et voir que je suis en train d'avoir les moyens d'atteindre des résultats nécessitant plus de moyens qu'il me suffisait juste de mettre celui-là aussi sur la liste pour pouvoir l'atteindre ;

- Désirer une chose en une petite quantité et l'obtenir de façon miraculeuse pour me rendre compte de ce qu'il me fallait oser demander plus et j'aurais obtenu plus.

Nous créons ce qui nous arrive

Un jour j'étais en train d'évaluer avec un entrepreneur comment nous créons exactement ce qui nous arrive. Il me dit : « Mais tu sais Hermann, il arrive parfois de tomber sur des gens de mauvaise foi et ce n'est pas parce que vous n'avez eu une architecture mentale pure et alignée sur vos résultats. Il est tout simplement de mauvaise foi ».

Je lui ai demandé : « Est-ce que tu as remarqué que lorsque tu penses être avec des gens de mauvaise foi tu prends des dispositions particulières ? ». Il me répondit : « Oui, il le faut d'ailleurs ».

Je lui ai demandé : « Est-ce que tu prends ces dispositions parce que tu redoutes le pire ? ». Il me dit répondit : « D'ailleurs, on appelle cela 'être prévoyant' »

Je lui ai demandé : « Lorsque tu redoutes le pire, est-ce que cela veut dire que tu t'attends à parer au pire ? ». Il me répondit : « Oui mais cela fait partie de la capacité à manager ».

Je lui ai demandé : « Aurais-tu vécu un cas où tu t'es dit que l'interlocuteur va être compliqué et pour cela il te faut prendre des dispositions et effectivement, il était compliqué et curieusement tes dispositions n'ont pas suffi ? ». Il me répondit : « Curieusement, c'est ce qui est arrivé ».

Je lui ai demandé : « Ne vois-tu pas que c'est toi qui a créé cela ? ». Il me répondit : « On peut dire ça. Mais comment toi tu aurais fait ? »

Je lui répondis : « Moi j'aurais créé. Est-ce que tu imagines qu'une personne compliquée et difficile n'est pas compliquée et difficile avec tout le monde ? ». Il me répondit : « Curieusement oui ».

Je lui dit donc : « Moi je commence alors par penser au fait que cette personne est douce, disponible et compréhensive et que je vais m'entendre avec lui. Je la vois en train d'être douce et gentille en réponse à ma gentille à son égard. Je me persuade de pouvoir le prendre autrement. Et ensuite je me dis : « Quoi qu'il en soit, nous allons nous entendre ».

Ensuite, je me demande : « Quelle est la meilleure façon de l'aborder pour avoir le retour ou la réponse la plus douce de sa part ? ».

Alors que j'expliquais le procédé, il me dit : « Cela nécessite beaucoup de travail intérieur sur soi-même et si je te comprends bien, c'est ce travail sur soi qui permet d'obtenir le meilleur des autres même si apparemment ils sont connus pour être compliqué ?».

Je lui répondis : « Exactement. Est-ce que tu es d'accord avec moi pour dire que les gens répondent la plupart du temps tel qu'ils sont traités ? ». Il me répondit : « Oui. Les gens réagissent la plupart du temps ; donc ils répondent à ce qu'on leur dit ou fait ? ».

C'est parfait. Comme nous étions en séance de coaching, je lui fis comprendre comment nous travaillerons plus tard sur la façon dont nous pouvons changez la vision des choses pour changer les choses et que c'est ce que nous craignons que nous obtenons.

Nous sommes embarqués vous et moi dans cette aventure de l'impact à partir de l'intérieur certainement parce que vous pensez comme moi que tout se crée à l'intérieur de nous-mêmes et que c'est ce dont nous sommes convaincus que nous obtenons.

Voici un exemple de création à partir de l'intérieur :

- Vous pensez qu'il n'y a rien d'intéressant à attendre d'un collaborateur parce que selon vous, il est tout simplement irrécupérable (Tout a débuté à l'intérieur de vous) ;

- Vous décidez donc de ne plus perdre du temps

à vouloir l'aider en quoi que ce soit. Il n'a donc plus l'accompagnement nécessaire pour grandir et s'améliorer ;

- Vous le négligez et pour vous, c'est comme s'il n'existait plus. Au départ, il s'en fout mais progressivement, il pense qu'il n'a pas de valeur pour vous ou vous considère comme son ennemi ;

- Vous vous méfiez vraiment de lui et vous êtes aux aguets face aux moindres agissements de sa part et dès qu'il a la moindre faille, vous le frappez avec la dernière rigueur. Il se braque et se positionne en votre pire ennemi ou se met à boire, à fumer ou à se droguer. Finalement et effectivement, vous aboutissez à la réalité (extérieure) qu'on ne peut rien attendre de bon de lui.

Vous avez dit qu'on ne pouvait rien attendre de bon de lui ?

- Vous l'avez pensé ;
- Vous y avez cru ;
- Vous avez parlé dans ce sens ;
- Vous vous êtes préparé à cela ;
- Vous avez agi pour qu'il en soit ainsi ;
- Et vous avez obtenu exactement ce que vous redoutiez.

Cela a-t-il du sens ou pas ? Vous pensez que cela a du sens, vous venez de rentrer dans une nouvelle disposition.

- Vous pouvez améliorer les choses ou les empirer ;

- Vous pouvez prendre ce qui n'a aucune valeur, lui donner de la valeur (à l'intérieur de vous-même) et elle va prendre de la valeur ;

- Vous pouvez changer le regard que vous posez sur une situation, une personne et un projet, le traiter autrement et obtenir un meilleur résultat de la personne, de la situation ou du projet ;

- Tout le monde peut penser qu'il n'y a rien à faire et vous pouvez penser, imaginer et sentir le meilleur et vous mettre à travailler pour l'obtenir – Certainement que vous l'avez déjà fait à plusieurs reprises. Le but de ce livre est que vous puisiez trouver de nouveaux leviers pour approfondir le pouvoir de la création délibérée et de la gouvernance percutante à partir de l'intérieur.

Dans le chapitre suivant, nous allons voir ensemble comme vous pouvez créer délibérément votre monde parfait à partir de l'intérieur, prendre de la hauteur et de l'ascendance sur les encours et produire exactement et progressivement le type de monde que vous voulez, dans un premier temps virtuellement et dans un deuxième temps réellement grâce aux pouvoirs de la transformation de l'intérieur vers l'extérieur.

QUELQUES EXERCICES PRATIQUES

- Imaginez un instant que vous avez le pouvoir d'impacter votre monde, de changer les choses et leur donner exactement l'aspect et l'orientation que vous voulez en changeant juste la perception que vous avez des choses, comment vous vous sentirez-vous ? Sentez-vous ainsi un moment et vivez le bonheur d'être une personne qui le pouvoir d'améliorer sa vie.

- Maintenant que vous savez que les évènements sont en général les imprimés de nos pensées et que vous pouvez corriger vos pensées pour améliorer vos résultats, quels sont les domaines dans lesquels vous pouvez commencer à corriger la vision que vous avez des choses et améliorer vos résultats ?

_____
_____
_____
_____
_____
_____
_____
_____
_____

_____
_____
_____
_____
_____
_____
_____
_____
_____
_____
_____
_____
_____
_____
_____

- Pour les prochains jours, et si vous avez souvent des doutes, est-ce que vous pouvez travailler à éliminer les doutes dès qu'ils apparaissent à votre esprit en vous disant : *« Ce qui compte, c'est le résultat parfait que je veux avoir maintenant. Quel est mon résultat parfait et quelles sont les pensées parfaites correspondantes que je dois maintenir dans ma tête pour obtenir ce résultat parfait ? ».*

LE POUVOIR DE LA CONSTRUCTION DELIBEREE

Il existe un monde parfait où je peux voir les choses autrement et surtout tel que je veux qu'elles soient avec une vision totalement différente des choses et qui correspond à ce que je veux même si ce qui se passe est totalement différent.

Le choix de vivre dans un autre monde

Que vous inspire l'idée de vivre dans un monde complètement différent de celui dans lequel la plupart des gens vivent ?

La première fois où j'ai posée la question lors d'une formation, j'ai eue les réponses telles que :

- Les autres vont te trouver insensible ;

- Nous vivons en société après tout et on ne peut pas rester insensible à ce qui s'y passe ;

- Moi je ne m'imagine pas rester insensible à ce qui arrive aux autres ;

- La compassion fait partie des vertus humaines ;

- Ce qui se passe dans les autres pays peut se passer chez nous aussi. On ne peut pas y rester insensible. Ca n'arrive pas qu'aux autres ;

- Nul ne peut être heureux tout seul et si tu ne penses qu'à ton bonheur, il va arriver un moment où tu apprendras à connaître le malheur.

Devant de tels arguments, il est presqu'impossible pour moi de penser un seul instant que je puisse rester insensible à ce qui se passe dans le monde. Ceci dit, je me suis rendu compte de ce qui suit :

- Les enfants ne tiennent pas compte de ce qui se passe dans le monde et ils sont parfaitement heureux⋯**Il est clair qu'ils vivent dans un autre monde ;**

- Les gens qui sont peu informés semblent être plus heureux⋯ **Certainement parce qu'ils vivent dans un monde qui n'est pas infecté par les informations du monde habituel ;**

- Il est possible d'apprécier et d'admirer sans réserve une personne jusqu'à ce que vous soyez au courant de l'un de ses défauts… **Parce que ce que nous pensons d'une personne dépend de sur quel aspect de sa personne nous sommes concentrés;**

- Même lorsque vous êtes au courant des défauts d'une personne, vous pouvez décider de vous concentrer sur les qualités que vous lui connaissez… **Et vous allez continuer de l'admirer parce que c'est vous qui choisissez avec quels aspects d'une personne et d'une situation vous voulez constituer votre monde.**

- Lorsque vous devenez accro aux chaines d'information et aux réseaux sociaux, vous aurez l'impression de vivre dans un monde apocalyptique… **La vérité, c'est que le monde n'a pas atteint l'échelle apocalyptique mais la constellation et le cocktail d'événements négatifs que vous avez réussi à faire vous a amené à vous demander : « Mais où va le monde ? ». Vous allez vous dire cela pendant qu'une autre personne s'apprête à conquérir le monde. Il est clair que vous n'êtes dans le même monde.**

La bonne nouvelle ici, c'est que nous concoctons notre monde avec les informations que nous sélectionnons et accueillons délibérément en fonction de trois facteurs:

- Ce à quoi nous prêtons attention ;
- Ce que nous avons le temps de sentir et voir ;
- Ce que nous voulons créer comme monde ;

Est-il déjà arrivé qu'une personne veuilles attirer votre attention sur un aspect d'une situation et que vous lui répondiez : « Je n'ai pas ma tête à ça » ?. Qu'avez-vous fait ainsi ? Vous avez créé un monde parfait d'options et de préoccupations précises et vous avez décidé de ne pas en rajouter. Vous avez décidé de ne pas élargir votre champ de préoccupations parce qu'il y a déjà des choses sur lesquelles vous avez délibérément choisi de vous concentrer. *C'est cela la construction délibérée de son monde parfait.*

Personne n'est détestable à moins que vous soyez concentré sur ses défauts

Nous aimons ou détestons les gens à partir de nous-mêmes et non à partir d'eux. En général une personne, une situation ou un événement présente deux aspects:

- Ce qui correspond à ce que nous apprécions ;

- Ce qui correspond à ce que nous n'apprécions pas. Ce qui veut dire tout simplement que nous détestons une personne lorsque nous nous concentrons sur ce que nous n'aimons pas en elle et que nous l'apprécions lorsque nous nous concentrons sur ce que nous aimons en elle.

Cela conduit à une autre bonne nouvelle : **« Je peux décider d'aimer une personne, une situation, un évènement en me concentrant sur ce que j'apprécie en la personne, en la situation ou en l'événement; peu importe si elle est aimable et détestable ».** Et c'est cela même jouer le jeu intérieur du leadership. Les gens te demanderont : « Mais comment tu fais pour t'entendre avec lui avec son tempérament-là ?». Réponse : « Je m'intéresse à ce qui est intéressant en lui ».

Nous allons aboutir ici à quelque chose d'extraordinaire parce que si vous voyez bien de près, c'est nous qui choisissons d'aimer ou de détester une personne en choisissant de nous concentrer sur des aspects précis de la personne.

Evaluons quelques situations que j'ai vécues :

- Avant que Donald TRUMP ne s'en prenne à Obama voulant contester l'authenticité de son acte de naissance et du coup, son droit d'être candidat à la présidence américaine, j'étais un fan de Donald TRUMP parce que j'étais convaincu qu'il était un homme d'affaires extraordinaire et je le pense toujours. Je l'appréciais particulièrement parce qu'il est l'ami de Robert Kiyozaki dont le pragmatisme en matière d'épanouissement financier me séduit dangereusement.

Mais pourquoi je me suis mis à ne plus apprécier Donald TRUMP ? Parce qu'il s'en est pris à une personne que j'apprécie : Barack OBAMA. Le comble, c'est que je ne me demande même pas si ce Barack OBAMA a des défauts. **Je l'aime pour ses qualités.**

- Avant que Samuel Eto'o et ensuite Yaya TOURE ne quittent le club de Barcelone FC, j'étais un grand supporter du BARCA. Ceci jusqu'à ce que je n'aie pas aimé comment Pep Guadiola a pu dire que Samuel Eto'o ne faisait plus partie de ses plans et l'a échangé contre Ibrahimovic ou « renvoie » Yaya TOURE.

J'appréciais sans réserve le Club de Barcelone depuis le temps des Hristo Stoichkov ou encore de Roberto Baggio. Mais j'ai réussi à concocter mon cocktail de déceptions pour ne plus aimer ce club et le sortir de mon monde.

Aujourd'hui, je suis plutôt indifférent au Club de Barcelone tout simplement, parce que j'ai éliminé toutes les raisons de les détester et que je n'ai pas particulièrement cherché des raisons de les aimer…

- Lorsque le conflit ivoirien avait atteint son paroxysme en 2010 et 2011, j'avais autour de moi à Cotonou plusieurs supporters de Laurent GBAGBO. J'étais pratiquement le seul à souhaiter que Alassane OUATTARA prenne le pouvoir.

Non pas parce qu'il y ait quelque chose de particulier que j'aimais chez Allassane OUATTARA. Mais progressivement et après coup, je me suis rendu compte que je voulais qu'il accède au pouvoir parce qu'il aurait été victime d'injustice lorsqu'on lui a refusé d'être candidat quelques 10 ans plus tôt du fait de la question de l'ivoirité. Au fond, je ne détestais pas Laurent GBAGBO mais dans mon monde, Allassane OUATTARA méritait d'accéder au pouvoir pour rétablir une injustice dont Laurent GBAGBO n'était pas forcément l'auteur.

La vérité, c'est que je me suis basé sur un point de vue pour savoir qui supporter ou non dans une guerre qui se déroulait loin de moi – même si aujourd'hui la Côte d'Ivoire est un pays d'adoption et mon pays par alliance.

J'avais la même désillusion au sujet du conflit Israélo-palestinien, entre Jonas Savimbi et Eduardo Do SANTOS ou encore dans la politique française comment je préférais la droite à la gauche parce que je trouvais Jacques Chirac séduisant quand il parlait.

Insensé tout ça ? Oui, c'est ce qui se passe lorsqu'on s'offre un bon cocktail pour se concentrer sur des choses ou des points de vue pour aimer ou détester.

La bonne nouvelle, c'est qu'on choisit délibérément d'aimer/supporter ou détester/souhaiter la défaite pour de très petites raisons. Et Mandela avait raison quand il disait qu'on apprend aux gens à détester, on peut leur apprendre également à aimer.

J'ai débuté ces exemples avec Donald TRUMP que je m'étais mis à détester parce qu'il s'en prenait à Obama. J'avoue que j'ai passé de mauvais moments lors des élections américaines de Novembre 2016.

Je m'attendais à ce que Hillary Clinton gagne sans savoir vraiment pourquoi. Donald TRUMP a gagné et j'ai passé une mauvaise nuit électorale. On peut ainsi dire.

Ce que je ne savais pas, c'est qu'en grande partie, CNN m'avait amené à détester Donald TRUMP. Je ne savais pas en effet que CNN était proche du parti démocrate. Mais lorsque Donald TRUMP s'est mis à avoir des mesures favorables à l'économie et que CNN ne semblait pas le supporter grandement, je me retrouvais à être d'accord avec les commentaires de CNN et puis progressivement, je me suis rendu compte de ce que je me faisais mon impression de Donald TRUMP sur la base de ce que j'écoutais sur CNN.

D'abord, j'ai décidé de filtrer tout ce que CNN disait au sujet de Donald TRUMP et ensuite de ne retenir que les bonnes choses que Donald TRUMP faisait. Vous imaginez ce qui s'est passé ? **J'étais devenu un appréciateur de Donald TRUMP et savais faire abstraction de ses écarts de langage ou de comportement.**

Comment j'en étais arrivé là ? Juste par choix.

Vous imaginez ? Les opinions que vous vous êtes faits, vous les avez faites sur la base de faits sélectionnés pour vous amener à les avoir opinion ? C'est facile de se faire avoir ? Pourquoi ne pas challenger ce que vous sélectionnez et décidant clairement de l'opinion que vous voulez vous faire ?

Pourquoi ne pas construire délibérément le monde que vous voulez et choisir délibérément ce que vous allez intégrer ou non à ce monde ?

Pratiquer la construction délibérée

Notre monde et notre vie sont faits de choses que nous invitons et intégrons à notre vie et à notre monde.

- Les gens qui achètent des maisons de 1 million de dollars ne sont pas dans le même monde que ceux qui se battent pour avoir 1 million de francs CFA pour acheter leur premier lopin de terre.

- Les gens qui pensent que les mauvais esprits sont partout et veulent nuire à leur santé et à leur épanouissement ne sont pas dans le même monde que ceux qui pensent que tout dépend de ce en quoi ils croient et acceptent pour vrai.

- Les gens qui pensent qu'il faut connaître des gens avant de connaître le succès ne sont pas dans le même monde que ceux qui pensent que tout dépend de la valeur que vous vous donnez et les choses que vous incarnez et que le travail paie toujours. Ils auront beau vivre dans le même pays mais vivront des réalités différentes.

La construction délibérée est cette capacité à pouvoir se dire et se convaincre de ce qui suit :

Ce qui se passe dehors n'a pas d'importance, Ce qui compte c'est ce que je construis dans ma tête et le résultat auquel je veux aboutir.

L'idée ici c'est de construire délibérément son monde parfait virtuel dans un premier temps ensuite réel et matériel grâce à la capacité à aligner ses pensées, sa vision et son imagination, ses paroles, ses attitudes, ses réactions, ses habitudes, ses choix et sa vibration sur le résultat parfait désiré.

- Est-il déjà arrivé que vous voyiez une personne avoir une attitude et bien que vous viviez dans le même environnement vous avez l'impression qu'il vit dans un autre monde parce que sa façon de voir les choses, ses rêves, sa vision des choses, ses habitudes, ses choix et ses façons de faire sont totalement différent des vôtres?

Vous pensez que vous êtes dans le même monde que lui ? Pas du tout.

- Est-il déjà arrivé que vous donnez votre avis sur une situation ou que vous donniez votre vision des choses et que les gens vous répondent : « On dirait qu'on n'est pas dans le même monde ? ». Ils ont raison. Vous n'êtes pas dans le même monde.

J'ai découvert le secret de la construction délibérée il y a quelques années (en 2013) quand je suis revenu à Abidjan après la crise de 2011. J'ai remarqué trois ou quatre choses :

- Une bonne partie des gens vivaient comme si la crise se poursuivait toujours et comme si les coups de feu allaient reprendre du jour au lendemain. Pour moi qui n'ai pas vécu la guerre, je me devais de les comprendre ;

- Une partie de la population était dans le deuil silencieux pendant qu'une autre partie affichait le plaisir d'être heureux, sans grande extravagance. On pouvait savoir clairement qui profite du dénouement de la crise ;

- Il y avait une partie des hommes d'affaires (en grande partie les expatriés comme moi) qui pensaient clairement que la Côte d'Ivoire avait définitivement amorcé son bel élan vers la croissance durable et l'émergence. Une autre partie des hommes d'affaires (les ivoiriens eux-mêmes en bonne partie) n'avaient presqu'aucune impression que les choses allaient redémarrer.

- Il y avait une bonne partie de la population pour laquelle rien ne va et une autre partie pour laquelle la vie était à nouveau douce.

C'est alors que je me suis assis pour me poser la question suivante : « Est-il possible d'être dans le même environnement et être dans des mondes totalement différents ? ». La réponse pour moi n'a pas tardé à s'affiche.

Pour peu que deux personnes vivent dans le même environnement mais montrent des différences dans les choses qu'ils vivent, ils sont dans deux mondes totalement différents :

- Les pensées qui occupent leurs esprits respectifs ;

- Les informations qu'ils consomment ;

- La qualité de leur espoir de réussir ;

- Les gens qu'ils fréquentent ;

- Les convictions qui sont les leurs ;
- Les habitudes qu'ils entretiennent ;
- Les évènements qui les préoccupent ;
- Les affaires qui occupent leurs journées et les projets sur lesquels ils travaillent chacun actuellement ;
- …

Une fois que j'ai compris cela, j'ai créé une méthode que j'ai appelé le principe de mon profil parfait. Je me demande : **« Quelles sont les pensées de haut niveau, les habitudes de haut niveau et les outils de haut niveau que je vais utiliser pour mener une vie de haut niveau (une vie puissance 10) ? »**.

Et progressivement, je suis sorti de mon monde. Je me suis rendu compte de ce qui suit :

- Ce qui préoccupait les autres ne me préoccupait pas.
- Ce dont les autres se plaignaient n'était plus suffisant pour que je me plaigne.
- Lorsque mes amis décrivent les choses qui ne vont pas, je me surprenais à décrire des choses qui vont bien.
- Lorsque je présentais mes projets, j'avais l'impression que les gens qui étaient autour de moi me trouvaient insensé.

- Lorsque les autres sont heureux d'avoir profité d'une opportunité, je me retrouvais à me demander comment je crée et multiplie les opportunités.

- Lorsque la plupart des gens étaient d'accord autour de moi qu'une situation était désespérée, je trouve souvent le moyen de dire que ce n'était pas perdu.

- Lorsque je me concentre avec des exercices précis pour avoir de l'inspiration, les gens autour de moi se disaient tout simplement que j'étais un génie inné.

- Lorsque les gens autour étaient unanimes pour dire que certaines choses sont intolérables, je trouvais toujours un moyen de penser qu'elles sont normales et peuvent bien se justifier.

- Alors que mes amis lisent Jeune Afrique et suivent Canal+, je lisais The Economist, Forbes Magazines, Success Magazine, The African Report et Businessweek, suivais CNBC, Bloomberg TV, CNN et Netflix.

Bref, je m'étais créé mon monde. J'étais dans un autre monde.

Il était devenu clair pour moi qu'on peut créer son monde parfait avec des habitudes précises et vivre des sensations différentes quel que soit ce qui se passe dans son environnement immédiat. C'était devenu tellement merveilleux que j'ai poussé très loin mes pensées, ma vision, mon imagination pour commencer à banaliser les choses auxquelles les autres accordent de la valeur pour me concentrer sur les éléments constitutifs parfaits du type de vie et de carrière que je voulais mener.

Je me rappelle lorsque dernièrement nous avons réalisé un de nos rêves à Accra, ma compagne me dit : « Waouhhh ! Donc les rêves se réalisent ? ». Le rêve que nous venions de réaliser ne faisait partie des rêves de pratiquement personne dans notre environnement. C'est alors que j'ai compris une chose : **« Nous sommes moins dépendant de notre environnement que ce que nous ne le savons »** ;

Ce fut une découverte extraordinaire pour moi. Et mieux, j'ai compris quelque chose de plus déterminant alors : **Notre monde (personnel à nous) se crée de l'intérieur vers l'extérieur à travers les éléments constitutifs que nous y intégrons : les pensées, les désirs, les habitudes, la vision des choses, les routines, les informations, les mentors, les influenceurs, les schémas de bonheur et de bien-être…**

Cela m'a permis de comprendre pourquoi à partir d'un moment donné la cellule dans laquelle Mandela se trouvait était devenue le sanctuaire à partir duquel il dessinait le monde nouveau qu'il voulait promouvoir au point où ses compagnons qui étaient emprisonnés avec lui avaient désormais l'impression qu'il n'a plus le même niveau de détermination et d'extrémisme qu'ils lui avaient connu ».

Les leaders dirigent et piloter les rêves à partir d'un monde supérieur

Si le leader peut créer son monde parfait et se rendre moins vulnérable et moins sujet à ce qui se passe dehors, *il réalisera des exploits en terme de capacité à rester au-dessus de la mêlée, voir clairement l'idéal, rester lucide pour voir ce qu'il peut faire et doit faire pour réaliser l'idéal, intégrer les éléments et le dispositif parfait de la réalisation de son rêve sans que ce qu'il construit ne soit infecté par ses autres réalités et les réalités extérieures en dichotomie avec ce qu'il veut réaliser. Il n'y a qu'à cette condition qu'il peut piloter son rêve et le réaliser sans se contaminer.*

- Lorsque le leader vit dans un autre monde (ou sait rentrer dans son monde structuré et idéal) , il sait prendre de la hauteur face aux situations courantes et ne réagit plus comme le commun des mortels.

- Lorsque le leader vit dans un autre monde (ou sait

rentrer dans son monde structuré et idéal), il fait une lecture toute différente des situations et sait orienter ses choix vers le résultat le plus parfait possible.

- Lorsque le leader vit dans un autre monde (ou sait rentrer dans son monde structuré et idéal), il sait entrer dans le monde de la création où ce qui n'existait pas commence à exister et ce qui était inimaginable devient une réalité.

- Lorsque le leader vit dans un autre monde (ou sait rentrer dans son monde structuré et idéal), il sait se connecter avec le perfection et ramène une portion du parfait pour améliorer le monde classique.

- Lorsque le leader vit dans un autre monde (ou sait rentrer dans son monde structuré et idéal), il sait aborder les situations différemment, sait poser les questions que la plupart des gens ne se posent pas et fait des propositions inédites venues d'un autre monde que le commun des mortels n'imaginait pas.

Pendant longtemps, nous nous sommes dit peut-être que ce monde parfait est exclusivement réservé aux grands leaders sans savoir exactement le mécanisme par lequel ils arrivent à entrer dans l'ordre de la création délibérée parfaite.

Le but de ce livre est de vous initier ou de renforcer vos capacités à devenir un patricien efficace de la construction délibérée, capable d'impacter positivement le monde (affiner la révélation de l'œuvre parfaite de la création) pour finir par laisser le monde meilleur que vous ne l'avez trouvé.

Voici quelques bonnes nouvelles au sujet du fait de pratiquer la construction délibérée :

1. Le praticien de la construction délibérée se demande : **« Dans mon monde parfait, à quoi ressemblent les choses, à quoi je pense, de quoi je parle, qu'est-ce que je fais et comment pensent et agissent les gens qui réussissent dans mon monde parfait ? ».**

   Il se met progressivement à aligner ses pensées, son imagination, ses sensations, ses paroles, ses agissements, son attitude et ses valeurs sur ce monde parfait et progressivement, il se met à réaliser le miracle de l'harmonie de la création, de l'amélioration et des relations.

2. Là où les autres laissent les blocages les empêcher de prendre des initiatives, le praticien de la pensée délibérée lit des biographies, accepte d'engager quelques actions inédites et folles pour réaliser son idéal et sa vision.

Au lieu de penser à ce qu'il n'arrive pas à faire, il pense à ce qu'il a déjà réussi et ce que les gens qui réalisent des exploits et ont réalisé des exploits sont arrivés à faire.

Au lieu de penser à ce qu'il risque de ne pas arriver à faire, il pense à ce qu'il veut parfaitement réaliser et au résultat idéal auquel il veut aboutir.

Au lieu de se demander : « ***Qu'est-ce qui ne va pas aujourd'hui ?*** », il se demande : « ***Qu'est-ce qui marche parfaitement bien aujourd'hui et qu'est-ce que je dois parfaitement bien faire aujourd'hui ?*** ».

Au lieu de penser à l'éventualité de ne pas pouvoir atteindre ses objectifs, il se demande : « ***Si je devrais faire tout ce qui est en mon pouvoir dont quelques choses folles et inédites pour atteindre mes objectifs, quelles sont les choses folles et inédites que je ferais ?*** ».

3. Là où les autres laissent les défis financiers les abattre et leur casser le moral, le praticien de la construction délibérée se dit : « ***Au fait si j'avais tout l'or et tout l'argent du monde, comment je sentirais, quel résultat j'aurais atteint et comment j'aurais agi pour aboutir à un tel résultat ?*** ».

4. Là où le commun des mortels se laisse démotiver

par les pressions et les difficultés dont les injustices, la fatigue, les frustrations, le praticien de la construction délibérée se demande : « *Si je n'étais pas aussi démotivé et démoralisé, qu'est-ce que je serais en train de sentir, penser et faire et que je dois penser, sentir et faire tout de suite si je veux améliorer ma situation ?* »

Il va encore loin : « *Dans mon monde idéal où je ne suis au courant d'aucune catastrophe, sur quoi je serai concentré actuellement ?* ».

5. Pour le praticien de la construction délibérée, *il est question pour lui de penser, d'imaginer, de sentir et de construire mentalement et piloter le déploiement des résultats parfaits qu'il veut avoir : ce qu'il veut être, faire et avoir dans sa vie et dans sa carrière.* Il ignore tout simplement le reste comme si cela n'existait. Le résultat, une fois qu'il réalise des exploits, c'est qu'il aboutit à une distorsion de la réalité au point où il n'y a aucun lien logique entre là où il se trouve et là où il était.

6. La praticien de la construction délibérée *est un dictateur du résultat et fait ce qu'il a à faire pour produire du résultat n'en déplaise à lui-même et n'en déplaise à qui que ce soit tant qu'au bout du rouleau le résultat plaira à tout le monde.*

7. Le praticien de la construction délibérée sait que la réalisation de ses résultats parfaits a un ennemi: la façon dont il se sent personnellement

    Alors il se dit : « ***La façon dont je me sens maintenant n'a pas d'importance. Ce qui compte, c'est la façon dont je veux aller après avoir produit du résultat et ce que je dois penser et faire pour produire du résultat*** »

8. Le praticien de la construction délibérée sait s'adapter aux autres et sait s'ouvrir aux autres pour réussir pour réussir avec eux. Mais lorsqu'il doit créer et apprécier, il part de son monde intérieur idéal et parfait pour lire et apprécier avec les yeux pures et innocent.

Quand il doit apprécier les choses dans leur pureté, le patricien de la pensée délibérée ne tient pas compte de :

a) **Le passé.** Il sait qu'il peut créer un nouveau monde parfait à partir de ses nouvelles pensées parfaites. Il sait que c'est son futur parfait qui doit lui dicter ce qu'il doit penser, être, faire et avoir pour le réaliser et non le passer

b) **L'humeur des autres.** Il s'est que la contamination infecte son monde intérieur parfait et l'empêche d'oser prospérer ; du coup, il fait abstraction de l'humeur des autres et refuse donc de contaminer son monde parfait d'où il rapportera les résultats qui vont ramener du sourire sur les visages.

c) **La crise économique.** Il sait que la crise est là parce qu'il n'y a pas de la perfection. Il travaille à instaurer la perfection au lieu de travailler sur la crise.

d) **Ses origines.** Il sait queses origines n'ont pas d'importance à moins qu'il veuille y rester. Il ignore les éléments constitutifs de la culture de ses origines pour se concentrer et travailler à déployer les éléments constitutifs de la culture du monde parfait qu'il veut créer

e) **Les frontières nationales ni les limites de son microenvironnement.** Il sait que le monde parfait auquel il aspire est plus important que le monde parfait dans lequel il vit actuellement et s'il faille qu'il se déporte ailleurs pour réaliser son idéal parfait, il se déporte. Il est capable de s'adapter et de prospérer partout et de partout.

La question vous trottine-t-elle toujours dans la tête? *Est-il possible de réussir à créer un monde aussi parfait à l'intérieur de soi pour ensuite la manifester progressivement et réaliser du miracle autour de soi ?* Les chapitres suivants vont renforcer votre capacité à mener une vie intérieure profonde et garder la pureté de vos analyses. Pendant qu'on y est, travaillons sur les exercices suivants :

QUELQUES EXERCICES PRATIQUES

1. Demandez-vous : **« *Si je devrais arrêter de penser et d'agir comme le commun des mortels (ou le commun des gens de ma classe sociale ou de mon micro-environnement), quelles sont pensées de meilleure qualité que je me permettrais de me mettre à entretenir et quelles sont les actions différentes et audacieuses pouvant conduire à de meilleurs résultats que je me mettrais à engager ? »**.

_____
_____
_____
_____
_____
_____
_____
_____
_____
_____
_____
_____
_____

2. Demandez-vous : « Si je ne me limitais pas par ce qui est jugé normal et acceptable, sage et intéressant par mon microenvironnement, à quoi j'oserai penser et faire ? » :

_____
_____
_____
_____

3. Demandez-vous : « ***Quel est le profil idéal que je devrais travailler à développer si je devrais avancer sans ambages vers la réalisation audacieuse et courageuse de mon idéal parfait appréciable par tous même si je vais sembler bizarre dès le départ ?*** » :

_____
_____
_____
_____
_____
_____
_____
_____
_____
_____

LE POUVOIR DE LA SOLIDITE A PARTIR DE L'INTERIEUR

Les choses se passent toujours bien sauf pour ceux qui se sentent déjà mal et les choses se passent toujours mal sauf pour ceux qui sentent déjà bien.

Tout commence à partir de l'intérieur

Pendant longtemps, je me suis posé les questions ci-après. Je ne sais pas s'il vous est arrivé de vous les poser vous-aussi :

- ***Pourquoi une personne fait facilement certaines choses et que l'autre a du mal ?*** A ce niveau, je me suis dit qu'il y a l'expérience, l'apprentissage, la formation, le génie inné et tout le reste.

- Pourquoi une personne vit bien une situation alors

que l'autre la vit mal ? A ce niveau, je me suis dit tout dépend de celui qui est personnellement concerné.

- ***Pourquoi certains personnes restent égales à eux-mêmes malgré ce qui se passe pendant que les autres se fondent et perdent les moyens?*** A ce niveau, je me suis dit que les derniers devraient être plus fragiles.

- ***Pourquoi certaines personnes cèdent facilement face aux pressions alors que d'autres sont prêts à aller jusqu'à la mort et ne cèdent pour rien au monde ?*** A ce niveau, je me suis dit que c'est une question de conviction personnelle.

- ***Pourquoi certaines personnes sont ouvertes aux autres et les accueillent facilement alors que les autres sont frileux et ont peur de l'étranger?*** Je me suis dit que cela devrait être une question de bienveillance ou d'éducation.

Je ne sais pas ce que vous répondriez à ces questions-là. Je voulais m'assurer qu'il y a des réactions et attitudes idéales qui se dégagent et que vous auriez aimé avoir.

Certaines qualités sont-elles développées par éducation ou sont-elles culturelles ? Par exemple, dans ma culture (culture adja au Bénin) les gens prêtent peu d'attention à ce qu'on pense d'eux pour peu qu'ils aient choisi délibérément de faire une chose donnée. La résultante est que beaucoup de gens de ma culture d'origine sont très entreprenants.

Maintenant, je me suis demandé : « Si c'est culturel, comment la première personne qui a commencé a commencé ? ». Et je pense que si nous savons comment la première personne qui a commencé a commencé, ce ne serait plus une question de culture mais une question d'attitude.

Possiblement, la première personne qui a commencé n'a pas commencé en tenant compte de son environnement. Il est parti de l'intérieur et a laissé ses désirs et aspirations intérieures imposer son attitude. En y réfléchissant bien, j'ai pu banalement aboutir à la conclusion que tout se passe à l'intérieur et que tout devrait être contrôlé de l'intérieur.

- Ma fragilité est intérieure et dans sa manifestation dépend de l'opposition que j'ai en face.

- Mes frustrations et ma colère sont intérieures et je les entretiens souvent très longtemps à l'intérieur de moi-même avant d'oser les sortir et les exprimer. Parfois je n'en exprime qu'une tout petite partie.

- Ce que je pense d'une personne se passe à l'intérieur

de moi-même et souvent n'a rien à avoir avec ce que la personne est réellement.

- C'est à l'intérieur de moi-même que j'ai emmagasiné les souvenirs qui me rongent.

- C'est à l'intérieur de moi-même que j'ai enregistré le profil des gens dont je dois me méfier et les paroles qui ne devraient pas m'inspirer confiance.

- C'est souvent à l'intérieur de moi-même que je dis que je ne suis pas à la hauteur même si je suis parfaitement à la hauteur – dans la réalité.

L'intérieur est l'origine. L'intérieur est le vrai monde. Le reste n'est que manifestation. Si je maitrise l'intérieur, je vais maitriser parfaitement mon monde.

Nous réagissons à partir de l'intérieur donc nous pouvons prendre le contrôle à partir de l'intérieur

Si vous me provoquez ou posez un acte blessant à mon égard, c'est à l'intérieur de moi-même que je fais les analyses et les interprétations possibles qui me conduiront aux réactions extérieures que vous allez voir. Ce qui veut dire que si une personne réussit à prendre le contrôle de ses évènements intérieurs, il prendra le contrôle de tout le reste.

J'ai appris à mes dépens que les gens mauvais ne sont pas mauvais avec tout le monde. Même l'être de la pire espèce a toujours une personne avec qui elle s'entend. Et en général, il s'entend avec la personne qui a su avoir l'attitude adéquate à son égard. Nous pouvons être cette personne en ayant la bonne attitude.

Mais comment nous réussissons à être la bonne personne ? En créant l'attitude adéquate à avoir à partir de l'intérieur sans tenir compte de ce qui il est.

Exemple : Tout le monde pense qu'il est mauvais. Ce qui en fait est une conclusion des expériences qu'ils ont enregistrées à son sujet. Moi je rentre dans la pureté des choses en me demandant : « ***Et si je démarrais en me disant qu'il est quelqu'un de bien qui mérite qu'on le traite bien ?*** ». Le miracle va s'opérer :

- Je vais le traiter bien.

- Il va se sentir bien traité.

- Comme c'est rare qu'il soit bien traité, il est touché et se dit que c'est la première fois qu'il a une personne bien en face de lui qui le traite bien et qu'il doit bien le traiter à son tour.

- Il décide de me traiter bien.

- Comme il me traite bien, je tire la conclusion qu'il

est quelqu'un de bien ou qu'il a un bon côté que les gens ignorent.

- Je m'habitue à le traiter bien et nous nous traitons bien mutuellement et nous entendons à la surprise générale.

D'où est venu son bon côté ? Qui a lancé ou activé son bon côté ? MOI ? A partir d'où ? Ce que j'ai pensé de lui à l'intérieur de moi. Mais comment va-t-il me prendre désormais ? Il va me prendre pour son leader. Voilà ! C'est ainsi que se joue le jeu intérieur du leadership.

Les leaders créent de l'ordre autour d'eux à cause de l'ordre qu'ils ont à l'intérieur d'eux-mêmes. C'est la loi de la qualité de l'usine intérieure.

Les leaders s'ajustent à l'intérieur d'eux-mêmes pour mettre leurs pensées, leurs attitudes et leurs dispositifs à l'hauteur des défis qu'ils ont en face au lieu d'abandonner ou de se passer leur temps à se plaindre. C'est la loi de la taille intérieure.

Les leaders apprécient et traitent les gens tels qu'ils veulent qu'ils soient au lieu de les traiter tels qu'ils sont ou tels que la plupart des gens disent qu'ils sont. C'est la puissance de la loi du regard intérieur en action.

Les leaders partent de qui ils doivent absolument être et incarner pour apprécier et traitent les autres et non à partir des défis que les situations et les personnes et présentent. C'est la loi du commandement à partir de l'intérieur en action.

Les leaders décident de leurs idéaux et décident de s'y attacher et s'y attachent avant que les provocations et les tentations ne se mettent en jeu. Et ils savent continuer à s'attacher à leurs idéaux jusqu'au bout : c'est la loi de la grandeur en action.

Quand le leader décide de prendre le contrôle, il réussit toujours à prendre le contrôle, à condition que ce soit à partir de l'intérieur de lui-même.

L'une des choses que j'ai apprises de John C. Maxwell, c'est que lorsque deux personnes sont en conflit sur une situation… Deux pouvoirs sont en jeu : **1) Le pouvoir de la personne la plus faible ou le pouvoir de nuisance : La personne qui est position de faiblesse peut gâter la situation** (les rebelles, les syndicalistes, les enfants/collaborateurs « récalcitrants, les kidnappeurs, les terroristes et les kamikazes tombent dans cette catégorie). Ils ont un pouvoir de scandale, de perturbation et de nuisance terrible. 2) Le pouvoir de la personne la plus forte ou le pouv**oir de l'amélioration:** Le leader peut mettre fin à une grève en faisant des concessions et il peut mettre fin à une prise d'otage en payant des rançons).

J'applique souvent cette méthode et elle marche extraordinairement bien.

- Par exemple, lorsqu'un collaborateur se sent frustré et s'énerve. Je m'assieds et je me demande: **« Qu'est-ce que je n'ai pas dit ou fait quand il fallait le faire et comme il fallait le faire ? »**. Lorsque j'arrive sur un point, j'envoie un SMS ou j'appelle pour présenter mes excuses sur cette base même si matériellement pour le commun des mortels, le collaborateur m'aurait manqué de respect ou quelque chose du genre.

  A chaque fois que j'applique cette méthode, c'est plutôt le collaborateur qui se confond en excuse.

- Par exemple, lorsque j'ai discuté d'un sujet sensible avec mon épouse et que je me rends compte de ce qu'elle s'est sentie impuissante et tourne une frustration intérieure, je fais le pas pour lui demander pardon.

  Parfois, elle est surprise de voir que c'est moi qui fais le premier pas.

  Mais je le fais parce que je me suis demandé : **« Qui est en position de force et qui peut ramener le sourire aux lèvres et du bonheur dans notre couple ? »**. Lorsque je sais que c'est moi, je joue le jeu du leadership non pas à partir de l'attitude de l'autre mais à partir de l'objectif que je veux atteindre : **« ramener le sourire sur les lèvres et du bonheur dans notre couple »**.

Sans doute, si je dois partir de l'attitude de l'autre, je trouverai toutes les bonnes raisons de ne pas devoir faire ce que je dois faire pour « ramener le sourire sur les lèvres et du bonheur dans notre couple ». Rappelez-vous que le praticien de la construction délibérée est un dictateur du résultat et laisse les résultats qu'il veut avoir lui dicter ses attitudes.

- A chaque fois qu'une personne qui a peur de la finesse de mes stratégies se débat pour trouver lui aussi des stratégies pour réussir son combat avec moi, je lui laisse clairement voir qu'il n'y a pas de combat à livrer.

En général, il se sent désarmé totalement et subitement impuissant et soulagé à la fois. Curieusement, mon pouvoir d'influence sur lui augmente. Pourquoi ? Parce que je n'ai pas voulu tenir compte de son attitude mais plutôt du fait que je veux lui donner simplement la possibilité de valoir quelque chose dans notre relation.

Pour ce faire, si un collègue ou un partenaire décide de mal parler ou de faire du bruit ou d'argumenter, je me demande : **« Au fait, à quel résultat je veux aboutir avec lui déjà si je considère qu'il est quelqu'un de bien ? »**. Une fois que je me pose cette question, je me détourne de l'attitude pour me concentrer sur le résultat que je veux avoir avec lui et l'attitude que cela m'impose.

Lorsque je procède ainsi, je retrouve ma sérénité et la solidité de ma confiance d'avoir réussi à sauver la situation.

Je sais qu'à ce sujet, la plupart des gens vont se demander : « Mais n'est-ce pas faire preuve de faiblesse que de céder ainsi ? ».

Voici ma réponse : ***« Il n'y a que ceux qui savent qu'il y a bien d'autres choses sur quoi ils peuvent compter qui cèdent. Il faut être sûr de soi et être en sécurité pour céder ».***

Un jour, je décidai de passer de 80% dans un business à 20% et de laisser une autre personne être associé majoritaire sans que ceux à qui j'avais cédé mes parts ne paient aucune contrepartie financièrede quelque nature que ce soit. Une amie me demanda : « Mais comment peux-tu faire une chose pareille ? », je lui ai répondu : « Parce que je n'ai pas que ça. J'ai quelque chose en moi qui est plus fort et qui est plus puissant, qui est capable de créer des centaines de nouveaux business dans lesquels je peux avoir 100%, c'est pour cela que j'ai cédé ».

Elle me demanda : « Tout le monde n'a pas cette chose-là. Si c'est comme cela, comment fait-on pour développer cette chose à l'intérieur de soi et pouvoir céder aussi facilement ? ». Je lui ai dit : « Il faut souvent jouer le jeu intérieur du leadership. C'est le jeu puissant qui permet de développer de la densité à l'intérieur de soi-même au point où vous arriver à supplanter les choses extérieures et leur donnant plus que très peu de valeur.

Tout dépend de notre solidité intérieure

Les fragilités et les incapacités ne sont pas le fait des complexités et des difficultés extérieures. Elles sont la note des réelles capacités intrinsèques des acteurs.

Si votre moteur est vraiment solide, aucune route ne peut le cabosser. Si votre usine intérieure peut produire de la qualité, vous ne vous occuperez pas de ce qui se passe dehors ni ce qu'on essaie de vous enlever. Vous serez tellement serein que même si on vous enlève tout, la minute d'après, vous délivrez encore du résultat miraculeux à partir de l'intérieur. Et c'est alors qu'on dira que vous êtes inébranlable et fort. En réalité, votre usine intérieure est puissante et productive.

Si vous dites que finalement je ramène tout au leader et à sa responsabilité intrinsèque et rien ne se qui se passe dehors me peut justifier ses défaillances, vous aurez parfaitement raison. C'est cela même le principe de base de livre : « *Vous n'êtes pas le résultat des situations et des circonstances. Vous êtes le résultat de vos formes et de vos scénarios intérieurs* ».

Le moteur givre parce que la route est plus périlleuse que ce qu'il est capable de gérer. Le défi, ce n'est pas la route mais le moteur. Les difficultés nous écrasent parce qu'elles sont plus que ce que nos forces intrinsèques peuvent supporter. Le défi, ce ne sont pas les difficultés mais les limites de nos forces intrinsèques.

Le travail que nous avons à faire, c'est de faire un checking régulier pour voir quelle est la solidité de notre moteur intérieur et vérifier notre capacité de résilience.

Alors, votre moteur intérieur, votre usine intérieure est-elle capable de vivre et gérer ce qui suit :

- ***La trahison ?*** Certains sont effondrés à l'intérieur d'eux-mêmes quand ils sont trahis et vous ?

- L'inhabituel et l'inédit ? La plupart des gens sont capables de gérer ce à quoi ils sont habitués mais lorsque certaines choses inhabituelles se produisent, ils perdent les moyens. Et vous ? Votre moteur intérieur est-il capable de gérer des situations inhabituelles ?

- ***L'injustice ?*** Vous ne serez pas toujours dans de situations où les gens seront justes et corrects avec vous. Etes-vous capable de les vivre tout en continuant de manifester du leadership, garder votre sang froid et le sourire ?

- *La capacité à devoir confiance à nouveau ?* La plupart des gens vont trahir votre confiance. Saurez-vous mobiliser les ressources intérieures pour faire confiance à nouveau parce que sans le pouvoir de faire confiance, vous ne pouvez plus vivre heureux en société ?

- *La capacité à vivre l'invivable ?* A partir de quel niveau de souffrance et d'humiliation vous ne tiendrez plus et comment allez-vous faire pour être en mesure de vivre pire parce qu'il est possible que le pire arrive ?

- *La capacité à reprendre à zéro ?* Vous pouvez tout perdre du jour au lendemain. Alors est-ce que vous êtes préparé et avez les ressources intérieures pour rebondir et prospérer à nouveau si vous veniez à tout perdre ?

- *La complication des conditions ?* Vous supportez les conditions actuelles et le niveau maximal de chaleur ou de fraicheur. Tiendrez-vous bon si vous devriez subir pire ?

- *Les horreurs de la prison ?* Et si vous devriez aller en prison pour quelques raisons, est-ce que vous avez les moyens émotionnels et mentaux de tenir le coup **et de sortir plus fort ?**

- *La honte de ne pas être à la hauteur ?* Vous

arrivez peut-être à être à la hauteur de vos sollicitations actuellement et répondez aux besoins de votre famille. Est-ce que vous saurez tenir le coup si vous n'y arrivez plus ?

- *La perte des avantages et privilèges ?* Vous avez des avantages et privilèges actuellement. Mais si vous devriez les perdre, est-ce que vous aurez les moyens de tenir bon et sans avoir envie de vous suicider, de tomber dans l'alcool et les drogues ?

Si vous n'êtes pas sûr de pouvoir gérer ces situations et rester fort mentalement et garder le sourire, lisez le livre Le PASSAGE et entretemps, n'oubliez pas de suivre un programme de reprogrammation mentale et émotionnelle pour renforcer votre usine intérieure. Si vous vous laissez fragile sans rien faire, n'oubliez pas que tout peut vous arriver et que tout peut vous être enlevé. Si vous ne vous renforcez pas de l'intérieur de vous-mêmes pour améliorer les ressorts de votre renouveau et de votre reconnaissance à tout moment, lorsqu'on vous enlèvera vos privilèges extérieurs, lorsque vous serez sous pression, vous serezeffondré.

Jouez un peu le jeu intérieur du leadership

Pour moi, c'est le jeu le plus passionnant. Et quand on demande : « Mais comment tu arrives à mettre si facilement ton ego de côté ? », j'ai coutume de dire : « C'est parce que je veux sauver mon ego que je vais cela ». Maintenant, pour faire plus concret, c'est parce que je joue le jeu intérieur du leadership comme suit en faisant mienne les règles suivantes :

- **Ce qui m'arrive n'est pas aussi important que la façon dont je décide de le vivre.**

    Il n'existe pas de drame sinon ce que nous considérons en tant que tel si bien que c'est ma perception et mon sentiment qui vont déterminer comment je vais me sentir. C'est une chose dont je peux décider. Montons en régime puisqu'il est question de travailler la solidité à partir de l'intérieur.

    Donc, supposons que vous perdez un être cher. Je n'ose pas dire votre enfant. La bataille intérieure va débuter. Je vois déjà ce que vous êtes tenté de dire. Mais vous vous dites : « *Au fait, c'est une pure grâce d'avoir vécu ces moments avec lui et heureusement que nous lui avons donné de l'amour (et je suis content pour le peu d'amour que j'ai pu lui donner). L'amour que j'ai pour lui, là dans mon cœur est à jamais. La bonne nouvelle est qu'il nous précède dans un monde plus simple et plus beau et plus pur ; un monde paradisiaque auquel nous aurions aimé aboutir tout même si nous ne voulons pas mourir (avec un grain d'humour). Et si vous êtes croyant : « Dieu a donné. Dieu a repris. Béni soit le nom de Dieu* ».

Si vous pouvez vivre la chose ainsi, il est clair que vous n'aurez aucunement pas mal. Personne ne va vous demande de vivre les choses ainsi dès aujourd'hui (Bonne nouvelle si vous avez appris depuis longtemps à vivre les choses ainsi). C'était juste un exemple pratique pour jouer le jeu intérieur du leadership. Juste pour montrer que ça se passe dans votre tête et ça se passe à l'intérieur de vous. Si vous voulez être plus fort, entrainez-vous au jeu intérieur du leadership !

- **Finalement, tout dépend de mon analyse et de mon regard sur la question, la situation ou la personne.**

Si je pose un regard avec des a priori ou ne prends pas toute l'information avant de réagir, ce ne sera pas de sa faute si je suis induit en erreur et perds mes moyens.

Est-ce qu'en tant que leader, je peux justifier le fait que je perde mes moyens par le fait que j'ai été outrageusement provoqué ? Pourquoi ne pas me dire: **« Bon, au fait, est-ce qu'il avait vraiment les moyens d'agir autrement ? Est-ce que je l'ai vraiment outillé et puis est-ce qu'il a vraiment l'expérience et les méthodes que j'utilise pour bien m'y prendre ? Sincèrement ? »**.

Vous voyez ? Quand vous glissez ainsi des défaillances

des autres vers le questionnement à l'intérieur de vous-même pour commencer par voir comment vous auriez pu créer une réaction, un résultat ou une ambiance/climat meilleur, c'est clair, vous êtes en train de jouer le jeu intérieur du leadership.

Il y a toujours un désordre intérieur qui tend à se créer lorsque nous partons des désastres extérieurs pour décider de comment nous allons nous sentir. Dans l'autre sens, lorsque nous décidons de partir de la création de l'équilibre intérieur pour ensuite assurer l'équilibre extérieur, il est plus facilement pour nous de trouver l'harmonie et de sortir de tout risque de victimisation.

- **Le tribunal est fait pour les victimes et les gens qui ne peuvent pas régler leurs frustrations à l'intérieur d'eux-mêmes.**

J'ai appris que rarement les avocats portent plainte lorsqu'ils sont été victimes d'escroquerie. Ils se demandent juste à l'intérieur d'eux-mêmes : « Comment j'ai pu me faire avoir et à qui je vais pouvoir raconter ça ? ». On appelle cela de la remise en cause. Et c'est le jeu auquel les gens qui savent prendre de la hauteur jouent facilement.

Je m'étais rapproché d'un avocat pour lui demander pourquoi les avocats ne portent pas plainte lorsqu'ils sont victimes d'escroquerie, il me donna une réponse qui me permit de découvrir une façon inédite de jouer le jeu intérieur du leadership : « Au fait, personne n'est victime d'escroquerie s'il n'a pas été complice de l'escroquerie. Il a eu l'opportunité d'analyser l'opportunité et la personne qui la lui a présentée et s'il ne l'a pas fait, c'est de sa responsabilité. L'avocat est celui sur qui sont client compte pour faire les analyses avec lui. Vous imaginez que s'il n'arrive pas à faire l'analyse quand il est concerné, cela va lui être difficile quand il devra aider ses clients. Il sait donc qu'il est défaillant. Pourquoi voudrez-vous qu'il rende publique sa défaillance ? ».

J'ai compris que parce que l'avocat ne veut pas rendre public sa défaillance, il assume et s'en prend à lui-même et ne se sent plus victime de qui que ce soit et ne sent donc pas le besoin de porter plainte.

Mon ami avocat poursuivit : « L'autre chose, c'est qu'il arrive souvent que des affaires ne marchent pas et c'est seulement lorsque vous vous considérez comme la victime dans l'affaire que vous porterez plainte ».

En tant qu'homme d'affaires, il m'est arrivé à plusieurs reprises de faire des affaires avec des gens et que l'affaire ne marche pas. A plusieurs reprises, je me suis porté garant pour rembourser. L'une des choses que j'ai souvent remarquées, c'est qu'ils m'ont pris à plusieurs reprises pour un escroc. Il arrive souvent que j'aie tenté de me victimiser en me disant que c'était injuste qu'il me traite ainsi parce que j'ai été de bonne foi. Heureusement, j'ai su à chaque fois me demander: « *1) **Près de qui vas-tu te plaindre donc?** 2) **Aurais-tu oublié que c'est toi qui as dit que l'affaire marcherait ?** 3) **Qu'est-ce que tu gagnes à t'en prendre aux gens ?** 4) **Pourquoi tu ne concentrerais pas plutôt sur comment régler cette affaire au plus vite et passer aux bonnes choses que tu voulais faire ?** ».*

Le pire qui puisse arriver à un leader, c'est de trouver le moyen d'être dans la victime dans une affaire. On ne peut pas être victime et victorieux à la foi, perdant et gagnant à la fois. Et lorsque vous commencez par jouer le jeu intérieur du leadership, vous vous rendez compte de ce que vous pouvez apparemment perdre ou gagner à l'extérieur (dans la réalité matérielle) mais si vous vous sentez victime à l'intérieur, vous êtes victime et si vous vous sentez gagnant à l'intérieur de vous-même, vous êtes gagnant.

- **Prendre les défaillances pour des occasions ratées de réussir ensemble en se disant qu'il en aura bien d'autres.**

    L'une des choses que j'ai pu apprendre sur le fait de faire confiance aux autres, c'est que la confiance s'installe lorsque vous avez été trahi et faites confiance à nouveau. Je crois que c'est l'une des choses les plus paradoxales que j'ai jamais appris au sujet de la confiance aux autres.

Dans le mouvement de développement de notre groupe, j'avais confié l'une de nos filiales à un ami et parent. A ma grande surprise, et pour des raisons valables, il a préféré aller créer une entreprise concurrente en commençant par récupérer nos clients. Ce qui n'avait rien d'anormal, sinon par quels clients allait-is commencer si ce n'est ceux qu'ils connaissaient ? (Je suis en train de jouer le jeu intérieur du leadership).

Pendant que cela se passait, j'étais en train d'installer une nouvelle filiale dans un autre pays. Là aussi, j'avais pris une personne que j'étais en train de former pour diriger la filiale. Le fait que l'autre récupère nos clients n'était pas un défi majeur pour moi. Je me suis arrêté pour me demander juste ce que je ferai si l'autre faisait pareille. C'est alors que j'ai pris rendez-vous avec mon directeur spirituel (un curé). Ce qu'il me dit transformera ma vie et à ma façon d'interagir avec les gens à jamais : « Si tu veux faire les affaires », me dit-il « il va falloir que tu apprennes à faire confiance avec tous les risques de trahison parce que seuls ceux qui peuvent faire confiance sans trembler à l'idée d'être trahis osent faire des affaires. Faire confiance est une chose dont tu auras besoin toute ta vie. Alors, fais à nouveau confiance même si ta confiance vient d'être trahie. Ce sera le signe de ta maturation ».

De là, j'ai compris qu'au lieu de rétrécir mon champ de confiance aux gens lorsqu'ils ont trahi ma confiance, il fallait plutôt que j'élargisse et multiplie les champs sur lesquels je leur faisais confiance. Pourquoi ? Parce que la seule façon pour les hommes d'affaires et les collaborateurs d'être la hauteur de la confiance qu'on leur a faite, c'est de se voir multiplier les opportunités de se racheter.

Il paraitrait qu'aux Etats-Unis, les banquiers ont la tradition de venir au secours d'une entreprise auprès de qui elles ont un gros actif surtout quand elles savent qu'injecter à nouveau de la liquidité permettra de sauver l'actif alors que refuser de le faire leur fera perdre l'actif.

> L'une des forces des grands leaders, c'est qu'ils savent s'auto-dépasser pour voir les intérêts sous-jacents et voient au-delà de ce que le commun des mortels peut voir, jouant intelligemment le jeu intérieur du leadership pour voir les gains suprêmes qui sont possibles lorsqu'on fait des efforts suprêmes.

> Les défaillances sont les occasions ratées de réussir ensemble. Il faut qu'il en ait d'autres si on doit réussir ensemble.

- **Ne vous acharnez sur personne pour quelques raisons que ce soit parce que vous ne lui pourrez plus rien dans les deux cas suivants : 1) Il est mort ou 2) Il a réglé ses obligations envers vous.**

Alors que j'étais stagiaire dans un cabinet de conseil, mon directeur du développement avait initié un programme de coaching à travers lequel les gens pouvaient faire des consultations d'une heure. A cette époque, j'étais vraiment trop jeune pour conseiller et coacher mais ayant appris à écouter et à faire de l'introspection (jouer le jeu intérieur du leadership), je savais lire au-delà de ce que les gens pouvaient voir.

Un jour, je reçus une dame qui était convaincue que sa coépouse était la source de tous ses ennuis. Alors je lui ai posé deux questions : « 1) Et si elle venait à mourir aujourd'hui, tous vos ennuis seraient finies? 2) Si elle arrêtait de vous causer des ennuis, vos ennuis seraient-ils terminés ? ». Elle me dit : « J'avoue que je m'acharne sur elle pour rien ».

Quelques années plus tard, j'étais à un séminaire et elle m'accosta à la pause-café : « Vous savez ? Vous êtes un sorcier. Ce que vous avez dit, c'est ce qui s'est produit. Ma coépouse a été gravement malade et a dû rejoindre ses parents avant de décéder il y a cinq (5) ans. La raison pour laquelle je dis que vous êtes un sorcier, c'est parce que mes ennuis ne sont pas terminés ». Alors je lui répondis : « Vous savez quoi ? Vos ennuis naissent et se produisent en vous. C'est pour cela que le fait que les gens que vous pensez être à la base de vos ennuis ne sont plus là mais vous vous sentez toujours victime.

Tout se passe à l'intérieur de nous. Et même ce que les autres nous font touche et nous blesse à l'intérieur de nous-mêmes si tant est que nous acceptons être blessé. L'épée la plus tranchante qui puisse nous blesser n'est pas ce que les autres plongent dans notre cœur mais leurs épées que nous récupérons pour nous ruiner de l'intérieur (frustrations, amertumes, regret, douleurs passées, blessures intérieures, injustices subies, viol).

- **Avoir des valeurs intrinsèques qui commandent notre vie, nos pensées et nos réactionsau lieu de laisser n'importe quelle pensée, jugement ou référence en prendre le contrôle.**

    L'une des clés de l'efficacité dans le jeu intérieur du leadership, c'est la capacité à se commander à partir de l'intérieur. Ce qui suppose que ce n'est pas ce qui se passe à l'extérieur qui nous guide mais les lois intérieures et principes personnels ancrés qui nous guident dans nos analyses et nous permettent de prendre le dessus sur toutes les situations et ne plus en devenir victime.

C'est le socle même de la solidité intérieure : avoir des valeurs intrinsèques qui commandent notre vie, nos pensées et nos réactions et qui nous gouvernent de l'intérieur vers l'extérieur.

A ce niveau, il ne faut pas tomber dans le piège de la prétention à vouloir gouverner le monde. Nos principes n'existent pas pour que nous les appliquions aux autres. Nos principes existent pour nous guider dans nos choix quotidiens et orienter dans la manifestation du leadership. Lorsque nous cherchons à les utiliser pour recadrer les autres, nous nous retrouvons à nous rendre compte de ce que les autres ne les respectent pas et nous sommes frustrés.

Au lieu de cela, nous avons la possibilité de nous retourner à nous-mêmes pour mettre en place des principes intériorisés qui vont nous guider dans les meilleurs choix et orientations de manière à garantir notre prospérité intérieure et extérieure constante.

A partir du moment où nous mettons en place ces règles d'autogouvernement afin d'atteindre des objectifs de sérénité et de solidité intérieure précis mais également de leadership manifeste, il est question pour nous de nous y référer pour toutes nos interprétations, tous nos choix, toutes nos réactions de manière à nous assurer de ce que nous n'ayons aucun sentiment, aucune pensée, aucune parole ni attitude qui ne soit alignés sur les valeurs auxquelles nous croyons.

C'est alors que nous réussirons progressivement à nous gouverner à partir de l'intérieur et à créer progressivement les conditions de notre auto-commandement, prenant le contrôle de notre jeu intérieur du leadership qui nous assure la sérénité et la solidité intérieure constante.

QUELQUES EXERCICES PRATIQUES

1. Prenez une situation dans laquelle vous vous êtes retrouvés à vous énerver et à ne pas être serein à l'intérieur de vous-mêmes : « Qu'est-ce que vous auriez pu vous dire et quelle la meilleure façon dont vous auriez pu interpréter la situation pour rester serein et solide à l'intérieur de vous-mêmes ?»

_____
_____
_____
_____
_____
_____
_____

2. Comment débutent en général vos énervements et quel est le processus dont vous allez devoir reprendre le contrôle pour ne pas perdre votre sang froid et rester serein quoi qu'il en soit ?

_____
_____
_____
_____
_____
_____
_____

3. Quels sont vos principes et valeurs que vous appliquez ou essayez souvent d'appliquer aux autres et qui font que vous êtes souvent déçus

et frustrés? Maintenant que vous savez que vos principes existent pour votre auto-gouvernance, comment allez-vous faire pour les appliquer à vous-mêmes à partir de l'intérieur pour assurer votre solidité et votre sérénité constante ?

_____
_____
_____
_____
_____
_____
_____
_____

4. Sachant que c'est lorsque nous perdons la bataille ntérieure que nous perdons les bases de notre sérénité intérieure et extérieure, quelle est la bataille que vous allez privilégier désormais et quelle habitude allez-vous développer pour rester prospère à l'intérieur de vous-mêmes quelles que soient les défis qui vous seront lancés dont les provocations et les aberrations?

_____
_____
_____
_____
_____
_____
_____
_____

LE POUVOIR DE LA BANALISATION DES DEFAILLANCES EXTERIEURES

Les contingences, les difficultés et les anomalies manifestes sont tout simplement des imprimés des fichiers structurels si bien que pour les corriger, il ne faut pas s'en prendre à elles, il faut corriger les fichiers structurels.

Le leader ne s'attaque pas aux conséquences, il sait remonter aux causes

Alors que j'étais en train de coacher la dirigeante d'une organisation, elle me dit : « Mon patron (son supérieur au niveau groupe) m'a fait savoir que les sanctions constituent des outils efficaces pour obtenir le meilleur des collaborateurs mais lorsque je t'écoute, j'ai l'impression que la sanction est vaine ».

J'avais bien compris sa remarque puisqu'en réalité la

plupart des managers se disent que la sanction est la solution pour assurer l'excellence. Mais les leaders qui savent jouer efficacement le jeu intérieur du leadership savent très bien que le plus important, ce ne sont pas les désastres en cours. S'ils peuvent faire quelque choses pour limiter les aggravations, ils le font sans perdre leur sang froid mais ils savent en même temps que lorsqu'on ne retourne pas aux vraies racines, les solutions qu'on apporte traitent les conséquences ou visent à les limiter sans vraiment aller aux vraies racines.

La plupart des gens ne supportent pas de ne pas devoir sanctionner. Le défi, c'est qu'ils traitent tout sauf les vraies causes. Mieux, les leaders qui jouent efficacement le jeu intérieur du leadership savent faire la différence entre les défaillances/conséquences et les causes sous-jacentes. Ils passent plus leur temps à travailler sur les causes qu'à s'en prendre aux conséquences. Quelques exemples :

- Un collaborateur n'a pas compris un travail ou une mission et donc ne l'a pas bien fait (**défaillances = conséquences**), **la non compréhension des enjeux et la non maîtrise des procédures constituent les causes sous-jacentes** auxquelles il faut s'attaquer.

    Curieusement, la plupart des gens s'attaquent à la

conséquence et s'en prennent au collaborateur ou à tout le monde sauf eux-mêmes – et surtout ils ne prennent pas le temps de privilégier la prise de recul nécessaire pour s'attaquer aux vrais défis à relever.

- Un collaborateur fait mal son travail ou le néglige (défaillances =conséquences) parce qu'il n'est pas motivé... **La non motivation est la cause sous-jacente qu'il faut traiter...** Le leader qui sait jouer le jeu intérieur du leadership va se demander : *« Quelles sont ses vraies sources de motivation? Quels sont ses objectifs, ses priorités, qu'est-ce qui le préoccupe actuellement, qu'est-ce qu'il faut toucher pour le toucher ? Qu'est-ce qu'il faut faire pour l'avoir avec soi ? »*.

Au lieu de faire ce repli sur soi et se poser les bonnes questions, la plupart des gens s'attaquent à la conséquence et au collaborateur au lieu de chercher des moyens de le motiver.

- Un collaborateur n'a aucune considération pour moi et ne prend pas au sérieux ce que je lui demande de faire et donc ne le fait pas bien **(Défaillances =conséquences de manque d'influence sur lui et de ma faible crédibilité à ses yeux) ...La cause sous-jacente c'est que je n'ai aucune influence sur lui et ne suis pas crédible à ses yeux...** Il faut que je travaille à être crédible à ses yeux...Dès lors, ce n'est pas à lui de prêter à attention à ce que je fais mais c'est à moi d'attirer son attention à travers la qualité de mon excellence retentissante.

Au lieu de jouer pleinement leur rôle, la plupart des gens s'attaquent aux collaborateurs au lieu de renforcer les bases de leur propre crédibilité.

Est-ce que cela veut dire qu'il ne faut jamais s'attaquer aux défaillances lorsqu'on les a en face ? On ne peut le dire. En effet, tout est ici une question de timing et de capacité à contrôler la situation.

Les leaders s'en prennent rarement aux défaillances visibles. Au contraire, ils font les trois (3) choses suivantes :

1) Ils prennent du recul ;

2) Ils retournent à eux-mêmes pour lire entre les lignes, voient ce qu'ils peuvent corriger à leur niveau pour faire corriger les défaillances ;

3) Ils corrigent ce qu'ils doivent corriger à leur niveau et en général, ils récréent les conditions d'excellence.

Et s'il y a une chose qu'ils font à l'égard des autres, c'est de leur montrer à travers leur propre attitude et leurs résultats que les résultats sont possibles.

Lorsque les défaillances apparaissent, les leaders savent que ce sont des conséquences et donc s'en prennent rarement aux gens...

Au lieu de se demander : **"Qui a fait ça ?"**. Ils se posent les questions suivantes :

- « Même si je savais qui l'a fait, cela ne va rien changer fondamentalement, du moins pour l'instant. Alors comment cela a-t-il pu arriver?».

- « Qu'est-ce qui n'a pas marché ? ».

- « Sur quoi nous devons travailler pour assurer la continuité du résultat ? ».

- « Quelles dispositions allons-nous prendre pour nous assurer que les chances que cela se reproduise soient totalement insignifiantes ?».

C'est alors qu'ils travaillent sur les vraies causes afin de trouver les vraies solutions

Lorsque les leaders ne savent pas prendre ce recul face aux défaillances (conséquences), ils se laissent emporter et contaminer par les conséquences ; ce qui les empêchent de traiter les vraies causes pour rester alignées sur les solutions...Ceci arrivent tout simplement parce qu'ils ont oublié que c'est dans la sérénité que l'inspiration arrive et permet de trouver les solutions.

Les leaders banalisent en général les conséquences et s'en prennent aux causes sous-jacentes pour les traiter et les éliminer pendant que les autres sont impatients et se laissent aveugler par les défaillances.

L'obsession du leader doit être de rétablir les conditions du résultat

Lorsqu'un enfant se comporte et que les résultats ne sont pas bons, un père de famille qui se dit **« Il faut que je revisite avec lui nos systèmes de valeurs»** finira par produire plus de résultat avec son enfant que le père de famille qui s'acharne sur l'enfant et s'en prend sévèrement à lui.

La vérité, c'est que le premier père remonte à la structure et à la méthode d'éducation, au traitement du besoin de maitrise et d'appropriation des valeurs. Le dernier se dit qu'en punissant l'enfant il va mieux se souvenir. L'un s'attaque aux causes et l'autre s'attaque aux conséquences.

Les leaders n'attaquent pas les conséquences, ils savent remonter intelligemment aux causes, Ce qui leur permet de garder leur sang froid et de rester aligné sur la recherche de solution. Cela repose également sur le principe que le fait de trouver un bouc-émissaire ne trouve pas forcément la solution. En effet, le manque de sérénité et de sang froid peut nous distraire et nous éloigner de la solution idéale. Lorsqu'il est face à une défaillance, le leader qui veut jouer efficacement le jeu intérieur du leadership doit savoir ce qui compte plus entre ce qui suit :

1) Trouver le fautif et s'en prendre à lui sansvraiment travailler sur la solution ;

2) Ignorer le fautif et créer les conditions pour créer du résultat quitte à revenir à la recherche du fautif ou à son coaching plus tard – si cela est vraiment utile.

L'ignorance des défaillances n'a qu'un objectif : « Ne pas laisser le désastre **contaminer le leader afin de lui permettre de garder la lucidité mentale, émotionnelle et stratégique nécessaire pour finir par trouver la solution permettant de rétablir les conditions de l'excellence** ».

L'une des plus grosses vanités de nos systèmes de management ou de recherche d'excellence, c'est que nous sommes convaincus que la sanction manifestée sous forme de punition sévère permettrait d'amener les gens à devenir excellents. Nos systèmes pénitenciers sont également axés sur le même postulat.

La conséquence, c'est que nous ne comprenons pas comment des apprentis terroristes en probation puissent commettre des attentats plus sévères que ce qui les avait envoyé en prison pour la première fois. Et pourquoi ? Parce que le système n'a jamais rien fait pour remonter aux vraies causes et à la vraie source des défaillances.

Les leaders efficaces pratiquent l'insouciance stratégique

L'un des dangers, si on peut ainsi le désigner, du jeu intérieur du leadership, c'est que le leader est capable d'être très insouciant et très négligent par rapport à ce qui se déroule pendant qu'il travaille sur les solutions :

- Un enfant montre des allures de récalcitrant. Sa mère ou son père commence à s'inquiéter. Le père ou la mère qui a observé profondément de très près les mutations caractérielles de son fils, semble négliger la situation alors qu'en réalité, il ou elle est en train de réfléchir sur la meilleure façon de prendre l'enfant en charge. **On appelle cela de l'insouciance stratégique, chose que les autres prennent pour de la négligence.**

- Une échéance arrive à grands pas. Tout le monde semble s'affoler au sein de l'entreprise. Le directeur général qui n'a toujours aucune idée de la meilleure façon de réaliser l'échéance mais décide donc de ne pas s'inquiéter.

De partout les gens viennent le voir pour lui rappeler: « Patron, l'échéance est pour le····.et rien n'est fait jusque-là ». Il répond à chaque de la même manière: « J'ai compris. On va trouver une solution ». Il refuse de s'affoler comme tout le monde et vaque à ses occupations habituelles comme si de rien n'était pendant que les autres sont arcboutés par le fait qu'ils n'aient aucune idée de comment les choses vont se passer. **On appelle cela de l'insouciance stratégique, chose que les autres prennent pour de la négligence.**

- On a sollicité un leader pour apporter son aide financière dans un projet communautaire. Il n'a pas encore le montant disponible. Là où la plupart des gens s'affolent et s'en veulent à l'idée de ne pas savoir exactement comment répondre à l'attente des gens et en deviennent soucieux, le leader répondit : « J'ai compris ta demande et compte m'en occuper. Pour l'instant, je n'ai pas de solution. Dès que j'ai une solution, je ne manquerai pas de te contacter ». **On appelle cela de l'insouciance stratégique, chose que les autres prennent pour de la négligence.**

Notre civilisation nous a parfois fait croire que les gens les plus préoccupés sont les gens les plus consciencieux. Alors que ceux qui finissent par proposer les solutions efficaces privilégient la sérénité stratégique à l'affolement naïf.

Les leaders alignés sur les solutions décident

stratégiquement de banaliser les défaillances ou les risques de défaillances parce qu'elles ne contiennent pas la solution.

La solution est toujours dans la sérénité et la capacité à prendre du recul...Quel que soit ce qui se passe, le leader commence toujours par prendre du recul pour faire ses analyses sans se laisser emporter. C'est seulement lorsque la solution devient claire et nette qu'il apporte l'éclair et énonce : « Bon, voici ce qu'on va faire ! ».

La question est de savoir si ce n'est pas risqué d'apporter la solution à la dernière minute. Devant cette question, il y a une question plus déterminante : « Si on est préoccupé depuis le début, quand aura-t-on la lucidité et la clairvoyance mentale, émotionnelle, spirituelle, visionnaire et stratégique nécessaire pour apporter l'éclair ? Pourquoi ne pas garder son sang, travailler tranquillement sur les solutions et finir par les trouver même si c'est au dernier moment ? ».

Les leaders savent clairement faire la différence entre la négligence et l'insouciance c'est pour cela qu'ils refusent de s'affoler là où la plupart des gens le font.

Ils savent que :

1) **LA NEGLIGENCE,** c'est lorsque la solution est

claire, simple et évidente et n'attend qu'action et exécution pour produire du résultat et celui qui doit se décider trouve des excuses ou tombe le piège du perfectionnisme par exemple et ne se décide pas, n'agit pas.

Exemple : Nous avons des échéances récurrentes et tout le monde les connaît. Nous avons les moyens de les gérer. Mes collaborateurs m'ont relancé à plusieurs reprises. Je n'ai pas su réagir à temps pour quelques raisons. Au moment où je me décide, je n'ai plus les moyens ou il y a un blocage. C'est vraiment de la négligence.

2) **L'INSOUCIANCE STRATEGIQUE,** c'est lorsque la solution n'est pas encore claire, ni simple, ni évidente et que je n'ai pas les moyens de l'implémenter et que pendant ce temps le feu brûle et tout le monde est sur la braise mais je décide de ne pas m'affoler, gardant ma sérénité, travaillant sur les projets ou dossiers pour lesquels j'ai déjà les solutions évidentes, simples et claires et obtiens du résultat dans ce domaine. Pendant ce temps, je mets mon esprit au travail et le challenge pour qu'il me fournisse les idées et des solutions et il travaille tranquillement pour moi jusqu'à ce que la solution devienne claire, simple et évidente.

Exemple : Dans notre métier de formation et de coaching, nous avons l'habitude de préparer

des fiches techniques, des offres et support de formation (Powerpoint, tests, étude de cas et exercices pratiques, fiches outils). Je suis en charge de concevoir ou de valider les fiches techniques, offres et Powerpoint et il arrive souvent que mes collaborateurs aient l'impression que je prends tout mon temps.

Comme j'ai l'habitude de leur dire, ce n'est pas que je ne me préoccupe pas d'envoyer la fiche ou l'offre à temps, mais j'ai mis mon esprit au travail. Pendant ce temps, je suis tranquille et vaque à d'autres occupations. Lorsque je finis par m'asseoir pour proposer un contenu, mes collaborateurs sont à chaque fois contents.

Généralement, la plupart des gens prennent des dispositions extraordinaires pour montrer qu'ils sont sérieux et appliqués. Parfois ils sont tellement pressés de délivrer ou de s'occuper des situations qu'ils ne permettent pas à l'intelligence inédite de se mettre en branle et de produire quelque chose d'inédit.

Les grands artistes et les grands leaders savent ne pas se laisser préoccuper par le temps ni les pressions brûlantes et laissent leur esprit accoucher tranquillement les résultats extraordinaires qu'ils sont en mesure de produire.

Le plus déterminant ici, **c'est de ne pas tomber dans**

la négligence lorsqu'il y a une action immédiate et urgente claire à engager et de ne pas tomber dans la précipitation ni la préoccupation inutile lorsqu'il faut prendre son temps pour accoucher les meilleures solutions possibles.

Rappelez-vous : *c'est dans la sérénité et la tranquillité que l'esprit pond.* Rarement des résultats extraordinaires sont produits lorsqu'on est sévèrement préoccupés ou lorsqu'on se précipite inutilement.

Les leaders savent prendre tout leur temps et garder leur sérénité pour livrer les résultats parfaits de l'esprit profond et fécond.

La construction mentale intérieure est la cause des résultats extérieurs manifestés

On aurait pu se dire que le fait de se dire : « *Si tout ne s'est pas bien passé, il doit y avoir quelque chose qui ne s'est pas bien passé à mon niveau* » serait le résultat d'une certaine auto-flagellation abjecte et sans fondement conscient et analytique. Voyons voir !

Alors que nous étions ensemble sur un projet avec un ami, des évènements incompréhensibles ont commencé à se produire. Sachant que je lui avais dit que les projets se construisent mentalement dans la tête et se réalisent dans la réalité avec toutes les perfections et imperfections auxquelles ont a pu penser, *il me dit:*

« Il me semble bien que j'avais redouté que la situation finisse ainsi ».

J'en avais profité pour lui rappeler que les difficultés sont les imprimés du doute. Ce qui veut dire fondamentalement que rien ne peut se produire et se révéler dans le monde extérieur s'il n'a pas été construit d'une manière ou d'une autre tel quel dans le monde intérieur.

- Au moment où j'écris ces lignes, je me retrouve dans un aéroport et dans un avion en escale à Lomé avant qu'on ne reprenne la route vers Abidjan. De l'intérieur de l'avion, je peux observer l'aéroport nouvellement rénové et remis au goût de la modernité. Il ne fait aucun doute que le résultat que je vois a d'abord germé à l'intérieur de quelqu'un et dans l'esprit d'un visionnaire et de ces concepteurs.

  Je vois deux ou trois choses que je pense qu'ils auraient pu mieux faire. Mais je viens de me rendre compte de ceci : « Certainement qu'ils n'y ont pas pensé ou peut-être qu'ils y ont pensé mais ne les ont pas jugés nécessaires ni indispensables ».

  Tout ce qu'ils ont pu réaliser, c'est ce qu'ils ont considéré et construit mentalement comme étant parfait, utile et nécessaire. Il n'y a certainement aucun défaut ni différence entre ce qu'ils ont pensé faire et validé mentalement en dernier ressort et ce qui est visible.

En effet, nous construisons mentalement, ajustons et validons au niveau mental/intérieur tout ce que nous finissons par faire avant que cela ne prenne forme au niveau matériel. Ce qui veut dire que s'il y a un défaut dans la réalisation matérielle, nous avons juste à retourner à la copie mentale construite pour apporter les touches.

- **Imaginons un instant que vous travaillez sur un document Word.** Il y a un outil excellent dans la plupart des logiciels de traitement de texte qu'on appelle ***L'Aperçu Avant impression*** qui permet de visualiser ce qu'on a conçu électroniquement et vérifier si cela correspond à ce qu'on a construit mentalement et ce qu'on veut voir se matérialiser.

Que faisons-nous en général lorsque le résultat que nous avons en visualisant l'aperçu avant impression ne correspond pas à ce que nous voulions avoir ? Nous remontons au document en cours pour corriger les imperfections de manière à être sûr de ne pas les imprimer.

Ce qui veut qu'en réalité, c'est au niveau mental que nous devons corriger les résultats matériels qui ne correspondent pas à ce que nous voulions avoir.

Si nous reprenons l'analogie des conséquences et des causes, on peut dire que ce que nous avons pensé est la cause et que les résultats que nous avons obtenus constituent donc les conséquences.

De la même manière qu'il ne faut surtout pas s'en prendre aux défaillances/conséquences, il ne faut s'en prendre ni s'en vouloir pour aucun résultat non satisfaisant ; il faut tout simplement retourner à ce qu'on a conçu et construit mentalement et s'assurer de l'ajuster pour l'aligner parfaitement sur les résultats qu'on veut avoir.

- **Imaginons que nous ne vous entendez pas avec une personne.** Vos relations sont arrivées à un tel niveau d'enveniment que vous vous dites que ce n'est pas la peine de chercher à vouloir communiquer ni tenter une conciliation par l'entremise d'un tiers.

Si nous devons retourner au fait que la qualité de vos relations n'est qu'un résultat/conséquence, ce n'est donc pas à la relation qu'il faut s'attaquer. **Si vous remontez bien aux vraies causes, vous allez vous rendre compte de ce que c'est la perception que vous avez pu avoir sur l'attitude ou le caractère de la personne à un moment donné qui a impacté négativement ce que vous avez pu penser d'elle. Ensuite la façon de vous l'avez traité à chaque fois l'a poussé à des réactions données.**

Si vous voulez améliorer vos relations avec elle, sur quoi devriez-vous travailler ? La qualité de la relation ou ce que vous avez pensé de la personne le jour où vos relations ont commencé à s'envenimer ?

Imaginez que vous vous demander : **« Qu'est-ce que je devrais penser de lui et comment je devrais le traiter pour que nos relations s'améliorent ?».**

Imaginons que vous alliez vous asseoir avec lui ou faites l'enquête pour demander à des gens qui le connaissent: **« Comment je devrais le traiter si je veux avoir de bonnes relations avec lui ? »** et que vous changiez alors ce que vous pensez de lui et la façon dont vous le traitez de manière à les aligner exactement sur le type de relation que vous voulez avoir avec lui, est-ce que vos relations ne seront-elles à nouveau excellentes ?

Si vos relations peuvent être à nouveau excellentes, cela veut dire que c'est à l'intérieur de vous-même que la vraie défaillance s'est produite et qu'une fois que vous avez réussi à la corriger tout s'est amélioré. C'est la magie du jeu intérieur du leadership. On est capable de corriger mêmes les imperfections dans une relation en remontant à la perception qu'on a de l'interlocuteur ou de la relation. Magique, n'est-ce pas ?

- **Imaginez un instant que vous êtes un fermier qui souhaite faire pousser cette année une espèce donnée de tomate ;** supposons que ceci passe par plusieurs phases et la première phase est de vous assurer de ce que les plantes qui germent à la pépinière soient de couleur jaunâtre et qu'après germination, vous obtenez des plantes verdâtres. Si vous n'obtenez le résultat désiré, allez-vous prendre de la peinture jaune pour colorer les plantes, vous désespérer ou allez-vous vérifier si vous avez semé la bonne graine?

La pensée est la graine. Et elle doit être entretenue avec des phases à vérifier pour voir si la plante, les fleurs, les fruits qu'on obtient correspondent exactement à ce qu'on voulait obtenir. Si ce n'est pas le cas, on vérifie si on a bien utilisé les bons intrants (graines, sol, intrant, entretien···)

La plupart des gens se plaignent des plantes, des fleurs et des fruits au lieu de bien choisir la graine et de bien choisir le procédé de plantation et d'entretien qui assurent les résultats parfaits qu'ils veulent avoir. La cause (la graine, les intrants et le processus d'entretien) est plus déterminante dans le résultat que le traitement des résultats.

Si vous voulez réussir le jeu intérieur du leadership, ne vous en prenez plus à la récolte, travaillez sur la graine, les intrants, le processus, c'est-à-dire ce que vous avez pensé, ce que vous avez senti, ce que vous vous êtes dits, ce que vous avez imaginé, ce que vous avez fait pour aboutir aux résultats non satisfaisants ;

Le retour sur soi pour faire le travail d'ajustement et de correction à partir de soi est un exercice difficile pour la plupart des gens. Mais les leaders comprennent bien la loi de la semence et de la récolte. Ils savent très bien qu'on ne peut pas avoir un résultat devant soi si ce n'est qu'on l'a semé sous forme de pensée, de sentiment, de vision, d'intention, d'action, de stratégie et de conscience.

Le fruit est dans la graine

Si vous avez un fruit (un résultat) en face de vous, vous n'avez pas à vous en vouloir ni à en vouloir à qui que ce soit. Vous avez juste à vous demander : « Quelle graine j'ai semée sur quel sol ? Quels intrants ai-je ajouté et comment en ai-je assuré l'entretien ? ».

Appelez cela faire de la remise en cause. C'est cela le jeu intérieur du leadership : ***« Rentrer en soi-même pour se poser les bonnes questions au lieu d'attaquer les circonstances, les gens et les personnes extérieures? »***.

Il y a toujours une manière simple de trouver le calme malgré les catastrophes extérieures

Quel est le processus à travers lequel les leaders arrivent-ils à garder leur sang froid ? Qu'est-ce qui fait que pendant que les autres s'affolent et se tiennent la tête dans les mains, le leader reste ZEN ? Qu'est-ce qui fait que le leader ne se laissent pas souvent contaminer par ce qui se passe et sait prendre le recul pour apprécier les situations avec toute la lucidité mentale, émotionnelle et stratégique nécessaire pour trouver les solutions adéquates ?

Quelle est cette magie à travers laquelle ils savent reprendre le dessus pour voir l'espoir là où la plupart des gens voient le désastre, un plan de sortie là où la plupart des gens voient l'impasse, du besoin de pardonner là où la plupart des gens voient de la condamnation, du besoin de lâcher prise là où la plupart des gens pratiquent l'acharnement ?

C'est aussi simple : ils savent considérer tout ce qui se passe comme le résultat d'un scénario. La conséquence est qu'ils ne s'attaquent jamais à ce qu'ils voient en face d'eux. Ils se demandent : ***« Comment je peux revoir le scénario et altérer les ingrédients et le processus pour avoir le résultat que je désire avoir? »***.

Dans une mesure comme celle-là, il n'y a personne ni aucune circonstance, en moins aucun résultat auquel ils puissent se permettre de s'en prendre. Ils s'assurent de décortiquer le processus à l'intérieur d'eux-mêmes, créent de nouveaux scénarios avec les personnes, les rôles adaptés pour obtenir exactement le résultat qu'ils veulent avoir. C'est cela même jouer efficacement le jeu intérieur du leadership !

PASSEZ METHODIQUEMENT A L'ACTION

Voici quelles méthodes essentielles que vous pouvez utiliser pour renforcer votre pouvoir de la banalisation des défaillances :

- **LA METHODE DE LA PRISE DE CONSCIENCE DE LA VANITE DES ENCOURS.**

    Elle consiste à ne pas s'affoler devant les choses qui se passent ni les conséquences et savoir tout simplement qu'ils constituent des résultats de quelque chose de plus profond, et surtout se dire que si on veut trouver des solutions, il faut se demander ce qui a pu conduire à cela au lieu de se plaindre ou de se morfondre devant ce qui se passe.

    Quelles sont les situations dans lesquelles vous devez désormais utiliser cette méthode afin de jouer efficacement le jeu intérieur du leadership?

    _____
    _____
    _____
    _____
    _____
    _____
    _____
    _____

- **LA METHODE DE L'INSOUCIANCE STRATEGIQUE.**

    Elle consiste à ne pas s'en vouloir ni être préoccupé parce qu'on n'aurait pas une solution, à garder son calme, ne pas perdre son sang froid, vaquer sereinement à d'autres occupations pendant qu'on est déterminé à trouver une solution, laisser son esprit trouver des solutions et ne s'engager dans l'action que lorsqu'on a pu trouver une solution.

    Quelles sont les situations dans lesquelles vous devez désormais utiliser cette méthode afin de jouer efficacement le jeu intérieur du leadership?

    _____
    _____
    _____
    _____
    _____
    _____
    _____
    _____
    _____

- **LA METHODE DE LA RECTIFICATION DES SCENARIOS/PROCESSUS.**

    Elle consiste à ne pas s'attaquer vainement à ce qui se passe au point de ne traiter que les conséquences. Elle amène à voir comment corriger le dispositif en place pour être sûr que le résultat sera garanti parce que désormais le dispositif ne permet plus les errances, les écarts et les déviances.

Dans la pratique, elle amène à revoir la législation, la réglementation, le dispositif productif de résultat, les règles de procédures, le système ou la formule de production plutôt que se plaindre des violations et des erreurs humaines.

Quelles sont les situations dans lesquelles vous devez désormais utiliser cette méthode afin de jouer efficacement le jeu intérieur du leadership?

_____
_____
_____
_____
_____
_____
_____
_____

- **LA METHODE DE LA PREFERENCE DE LA TRANSFORMATION A LA REFORMATION/ REGULATION.**

Les leaders qui jouent le jeu intérieur du leadership à un niveau plus élevé vont encore plus loin que la méthode de la rectification des scénarios/processus.

Ils savent qu'au lieu de reformer le système, il vaut mieux transformer les hommes et que s'ils sont outillés et conscientisés, ils sauront instaurer par eux-mêmes les dispositifs, les systèmes et les règles qui vont leur permettre d'assurer la continuité du résultat.

Dans la pratique, elle consiste à enseigner aux gens les valeurs et principes fondamentaux qui transforment leur état d'esprit et leur disposition mentale sur la durée et les amènent à s'autoréguler et à réguler voire réinventer les systèmes pour continuer d'exceller et de produire du résultat.

La réformation permet de créer des architectures, de bâtir des systèmes et des prototypes qu'on remet aux gens et qu'ils réutilisent ou répliquent. La transformation permet d'enseigner aux gens les fondamentaux et les valeurs qui les guident dans la création des architectures, des systèmes et des prototypes.

Quelles sont les situations dans lesquelles vous devez désormais utiliser cette méthode afin de jouer efficacement le jeu intérieur du leadership?

_____
_____
_____

_____
_____
_____
_____
_____
_____

Nos équipes H&C sont à votre disposition avec moi-même pour vous coacher, vous challenger et vous accompagner afin que vous systématisiez l'utilisation de ces méthodes et deveniez un leader qui sait à chaque fois être « maitre de la situation». Visitez notre site **www.hcmagazines.com** pour plus d'information sur comment vous faire accompagner.

Chapitre 5

LE POUVOIR DE LA NORMALITE CONSTANTE

Chaque personne a raison de parler tel qu'elle parle et d'agir/réagir tel qu'elle agit/réagit. Toutes les situations sont normales si ce n'est qu'elles sont contraires à ce que nous avons jusque-là comme étant normales. Et c'est à notre niveau que l'ajustement doit être fait dans l'acceptation de ce qui doit êtes considéré comme normale désormais.

Les normes emmagasinées sont la cause de nos frustrations

Il n' y a qu'une personne qui n'a jamais rencontré un étranger qui sera surpris que ce dernier fasse deux ou trois choses étranges. Qu'est-ce qu'on devrait attendre d'un étranger ? Qu'il fasse des choses étranges ?

Voyons : *Est-ce normal qu'un étranger fasse des choses étranges ? Et celui qui s'en offusque n'est-elle pas anormale ?*

Un jour de novembre 2007, j'étais à bord de ma voiture assis à côté du chauffeur pendent ma cousine et son époux étaient assis derrière. Nous étions dans la ville de Cotonou, capitale économique du Bénin, très caractérisée par ses conducteurs de taxi moto habillés en chemises jaunes. Arrivés au carrefour dit TOYOTA, un conducteur de taxi moto était venu percuter le rétroviseur de la voiture de mon côté. Il n'a pas présenté ses excuses. Au contraire, il s'est mis à nous insulter.

J'étai bien « sapé » ce jour-là comme on dit en Afrique. Je venais en effet de quitter le plateau d'enregistrement d'une émission télé que j'animais sur la chaine LC2. Je décidai de sortir pour lui régler ses comptes. Ma cousine sortit immédiatement et me tira par le bout de ma veste. « Qu'est-ce que tu vas faire là Hermann? Tu es une personnalité, tu as oublié cela on dirait ! Tu as des principes, je le sais mais tu penses vraiment que ce type connaît tes principes, normes et valeurs ? Comment peut-il les respecter ? ».

Je dis à ma cousine : *« Merci beaucoup. Il ne connaît pas mes principes, normes et valeurs. Donc, c'est normal qu'il fasse des choses qui soient contraires à mes principes et valeurs ».*

Depuis ce jour-là, lorsqu'une personne agit et que je suis tenté de dire que ce n'est pas normal, je me rappelle ceci : **« *Nous n'avons pas les mêmes normes. C'est normal pour lui selon ses normes. Et c'est anormal pour moi selon mes normes qu'il ne connaît pas. Je n'ai pas à m'en prendre à lui* »**.

Ne m'en voulez pas si je dis ceci : **« *Il n'y a que des gens qui ne sont jamais sortis de leur micro-environnement qui sont surpris, choqués et frustrés de finir par voir des situations et des attitudes qui sont contraires à ce qui est admise comme normes dans leur monde* »**.

C'est normal que nous trouvions anormal ce qui ne s'est jamais produit à notre connaissance et qui est contraire à ce que nous admettons comme une norme.

Nous avons parfois cette arrogance de penser que les autres devraient connaître et s'aligner sur ce que nous considérons comme étant une norme et cela nous fait amèrement mal lorsque ce n'est pas le cas. L'une des choses que nous devons finir par admettre pour arrêter de nous offusquer par rapport à l'attitude des autres, c'est de nous rendre compte et accepter que nous ne sommes pas le leader d'un monde à notre merci. Nous ne pouvons que prétendre être le maitre de notre propre monde auquel nous appliquerons nos principes avec l'ouverture d'esprit nécessaire pour accepter que les autres trouvent cela étrange et parfois s'en moquent ou s'en prennent à nous.

C'est simple : une fois qu'une chose est déjà arrivé quelque part, elle est normale, tolérable, juste, admissible, possible, acceptable… Maintenant : que celui qui veut se faire mal se dise : c'est anormale, c'est intolérable, c'est inacceptable, c'est inadmissible, c'est impossible, c'est injuste.

Est-ce normal que les Etats-Unis sortent de l'accord historique sur le climat ? Oui, c'est normal selon Donald TRUMP et ses supporters. Donc c'est acceptable. Sauf pour ceux qui veulent en souffrir.

Est-ce normal que les Etats-Unis sortent de l'accord historique sur le nucléaire iranien ? Oui, c'est normal selon Donald TRUMP et ses supporters. Donc c'est acceptable. Et les grandes multinationales l'ont acceptées et travaillent à s'y adapter.

Est-ce normal que les Etats-Unis installent leur ambassade à Jérusalem et la déclarent capitale d'Israël ? Oui, c'est normal selon Donald TRUMP et ses supporters et même selon Bill Clinton, Barack OBAMA et bien évidemment Georges BUSH (si on s'en tient à leurs discours respectifs). Donc c'est acceptable. Et c'est déjà chose faite.

Est-ce normalement qu'un adolescent de 15 ans ait 32 épouses ? Oui il existe des traditions où lorsque le roi meurt, son fils héritier hérite de toutes ses épouses sauf sa mère et peu importe s'il n'a que 15 ans. Donc c'est acceptable et tolérable.

Est-ce que la personne la plus proche de vous peut devenir rapidement celle qui vous a trahi ? Demandez à Jésus de Nazareth ou encore à tous ces empereurs ou hommes d'Etat qui se sont faits trahis par les gens les chers et les plus proches d'eux. Oui, c'est normal maintenant qu'une personne à qui vous avez fait confiance, trahisse cette confiance !

Est-ce normal qu'un enfant de 5 ans serre la main à des vieillards qui ont en moyenne plus de soixante ans ? C'est chose normale au Sénégal même si c'est anormal et impensable au Cameroun par exemple.

Est-ce qu'un père de famille laisse ses enfants sans nourriture pendant 15 jours ? Bon mon père a déjà fait cela et je le remercie beaucoup parce que cela nous a appris (nous ses enfants) à nous débrouiller. Donc c'est acceptable et c'est même une bonne chose.

Est-ce normal qu'un leader accepte partager le même appartement, la même chambre que ses collaborateurs et ne soit pas gêné d'être torse nu devant eux ? Je fais cela depuis que je me suis décidé à développer des leaders autour de moi. Choquant pour beaucoup de gens mais c'est maintenant une norme chez nous à The H&C GROUP. Donc c'est normal et acceptable.

Vous allez certainement me dire qu'à cette allure, tout

deviendra normal, mêmes les comportements « contre-nature ». En réalité, il n'y a pas de comportement contre-nature, il n'y a que des comportements et attitudes que certaines cultures trouvent normales et que d'autres trouvent anormales. On va dire qu'il n'y a que des comportements contre-culture.

La vérité, jusqu'à ce qu'une culture aille au contact de l'autre, elle ne se plaignait pas de ce que les autres font des choses contre-culture. Elle ne les voyait même pas. Et elle était tranquille. Le choc s'est créé lorsque les gens d'une culture n'ont pas su accepter que les autres soient différents d'eux et que ce qui est anormal chez eux soit normal chez les autres.

Les leaders qui jouent efficacement le jeu intérieur du leadership ne tombent pas dans ce piège. Ils comprennent et acceptent qu'à partir du moment où vous n'êtes d'une même culture, d'une même éducation, du même parcours, de mêmes expériences et de même état d'esprit qu'une personne, il est normal qu'il fasse des choses qui ne répondent pas du tout à ce que vous considérez comme étant normal.
Par exemple :

- C'est normal qu'un enfant commette des enfantillages. ***Il faut attendre qu'il atteigne l'âge de la maturité avant d'exiger de lui qu'il soit mature.***

- C'est normal qu'une personne inexpérimentée fasse montre d'inexpérience. *Il faut lui donner le temps d'acquérir de comprendre et d'acquérir de l'expérience.*

- C'est normal qu'une personne non informé/formé ou mal informé/formé se trompe sur ce qu'il y a lieu de faire. *Il faut s'assurer de lui donner la bonne information et la bonne formation plutôt que de se plaindre de lui.*

- C'est normal qu'une personne qui n'a rien compris vous apporte du résultat qui montre qu'il n'a rien compris. *Au lieu de s'en prendre à lui, il faut s'assurer de qu'il comprenne bien à travers la formation, la démonstration du processus, un exemple de résultat palpable* et l'accompagnement jusqu'au résultat.

- C'est normal qu'un collaborateur direct qui veut votre place vous complique la vie et sabote votre travail. *Au lieu de s'en plaindre ou de l'attaquer, il faut lui montrer clairement que votre objectif est qu'il vous remplace et que vous allez l'aider (le former et le coacher) à y arriver (et vous deviendrez des alliés).*

En effet, lorsque vous commencez par accepter que tout est normal, plus rien ne vous choque. Vous ne trouvez plus rien intolérable, inadmissible, inacceptable, injuste, impossible ou encore inconcevable.

Les leaders refusent d'être victime de l'étroitesse de leur esprit analytique

Nous disposons tous d'un esprit analytique où nous stockons les principes et les normes, valeurs et règles. Cet esprit analytique est le filtre sous lequel nous examinons chaque situation ou attitude. Il s'empresse à chaque fois de comparer tout ce que les yeux, les oreilles, nos narines voient, entendent, sentent et vérifie si cela correspond à ce qu'il a stocké comme étant normal, admissible, concevable, juste, possible, tolérable. Lorsque cela n'est pas parfaite, il crée le sentiment de surprise, de frustration et d'offuscation. L'une des choses les plus extraordinaires, c'est que la plupart du temps, nous ne sommes pas surpris, offusqués ou frustrés parce que ce que nous voyons est intolérable, inadmissible, inacceptable, injuste, impossible ou encore inconcevable. Nous sommes en général surpris, offusqués et frustrés parce que ce que nous voyons ne correspond tout simplement pas à ce que nous connaissons comme étant normal, admissible, concevable, juste, possible, tolérable.

Ceci explique pourquoi les gens qui ont beaucoup voyagé sont moins racistes et moins ethnocentriques que ceux qui n'ont connu que les valeurs, les principes, les normes et règles de leur groupe ethnique ou race ou micro-milieu.

Le leader sait très bien que la rencontre avec

l'inconnu est l'opportunité d'élargir le champ de ce qu'il doit considérer désormais comme étant normal, juste, admissible, tolérable, possible et concevable. Au lieu de se fermer et s'offusquer face à la différence ou à l'opposition, il la considère donc comme l'opportunité de grandir intellectuellement et d'ouvrir son esprit analytique et élargir le champ de ce qu'il doit désormais considérer comme étant normal, juste, admissible, tolérable, possible et concevable.

Mieux, il approche la nouveauté dans une démarche très expérimentale et ne s'empresse pas de juger les autres ni les situations et les considère comme étant normales a priori. Et lorsqu'il les trouve normales, il n' pas point mal.

Un jour, l'une de mes coachés me demanda pourquoi je pense qu'on devrait accepter comme étant normale, juste, admissible, tolérable, possible et concevable chaque situation ou attitude contraire à ce que nous considérons comme étant normale juste, admissible, tolérable, possible et concevable. Je lui ai dit que nous ne devons pas penser cela.

Nous devons plutôt surveiller nos émotions et savoir ce qui nous fait du bien et ce qui nous ne nous fait pas du bien. Nous devons par exemple être assez vigilant pour savoir remarquer que :

- Lorsque nous considérons qu'une situation ou

une attitude est anormale, intolérable, inadmissible, inacceptable, injuste, impossible ou encore inconcevable, **nous sommes dans l'incompréhension totale, avons mal, souffrons amèrement, sommes offusqués et frustrés.**

- Lorsque nous considérons qu'une situation ou une attitude est normale, tolérable, admissible, acceptable, juste, possible ou encore concevable, nous sommes sereins, gardons le contrôle, ouvrons notre esprit et restons très orientés résultat.

LA QUESTION LA PLUS IMPORTANTE ICI n'est pas de savoir si ce que nous avons en face est normal, tolérable, concevable, compréhensible, admissible, juste···LA QUESTION LA PLUS IMPORTANTE, c'est de savoir comment nous voulons nous sentir !

- **Si je veux me sentir mal, perdre le contrôle, être dans l'incompréhension totale, la frustration et l'offuscation incontrôlable,** je me laisse penser que ce qui se passe est anormale, intolérable, inadmissible, inacceptable, injuste, impossible ou encore inconcevable.

- **Si je veux me sentir bien dans ma peau, garder le contrôle,** je commence à considérer que tout ce qui se passe est a priori normal, tolérable, admissible, acceptable, juste, possible ou encore concevable.

Et quelle est la principale marque des leaders ? SAVOIR GARDER LE CONTROLE.

La plupart du temps nous pensons que la meilleure solution pour garder le contrôle, c'est que tout ce qui se passe et tout ce que les autres font soit normal, tolérable, admissible, acceptable, juste, possible ou encore concevable.

La réalité, c'est que la plupart des gens ne feront pas des choses normales, tolérables, admissibles, acceptables, justes, possibles ou encore concevables *à moins que vous ne restiez que dans votre micro-environnement*.

Alors comment faire pour garder le contrôle même si les autres font ou il se passe des choses anormales, intolérables, inadmissibles, inacceptables, injustes, impossibles ou encore inconcevables ? Commencez à se dire clairement tout ce que les autres font et tout ce qui se passe est normal, tolérable, admissible, acceptable, juste, possible ou encore concevable dans une certaine mesure.

Les dernières années, les fusillades se sont multipliées aux Etats-Unis – du moins nous avons été de plus en plus au fait des fusillades aux Etats-Unis. Alors, en bons civilisés que nous prétendons être, nous avons été sous le choc et dans l'incompréhension totale.

Mais dans les favelas, dans les ghettos, des fusillades, des morts dans la rue, c'est quotidien et finalement personne n'en parle ; la police ne s'en occupe pas et les medias ne trouvent aucune bonne raison d'aller les couvrir. ***Lorsque nous n'en sommes pas informés, nous sommes au contrôle de nos émotions. Lorsque nous sommes informés, nous sommes dans l'incompréhension.***

Voilà comment les leaders résolvent la question: Ils savent que ce que nous considérons en général comme anormal, intolérable, injuste, incompréhensible, impossible, inadmissible se trouve tout simplement au-delà du champ de notre connaissance. Ils comprennent que ce sont eux qui ne connaissent pas tout ce qui est normal, admissible, compréhensible, tolérable, juste, possible et acceptable.

Alors qu'ils prennent le recul et se disent : **Il est possible que ce soit moi qui suis limité quant à ce qui est normal, admissible, compréhensible, tolérable, juste, possible et acceptable.** C'est mieux que je fasse attention et sois assez ouvert d'esprit pour apprendre ce que je ne connais pas.

C'est cette disposition scientifique, expérimentale et anthropologique qui permet au leader de ne pas être choqué, d'apprendre pour mieux appréhender. Et elle fait la différence entre ceux qui arrive à garder le contrôle, à s'ouvrir et s'enrichir de la richesse de la différence et de la diversité et gagnent avec les autres et ceux qui tombent dans l'incompréhension, la frustration, l'offuscation, la haine et l'agression inutiles.

Les leaders qui arrivent à jouer pleinement le jeu intérieur du leadership savent très bien que l'incompréhension, la frustration, l'offuscation, la haine et l'agression face à l'inédit, l'anormale, l'intolérable, l'inadmissible, l'injuste, l'inconcevable et l'impossible constituent tout simplement la traduction scientifique d'une certaine étroitesse d'esprit.

Un jour alors que je suivais un documentaire avec une amie, elle était frustrée de voir quand dans un rituel d'expiation, un père de famille avait tranché la gorge de sa propre fille. Elle s'écria : « Quelle barbarie ! C'est un animal ce type ! ».

Je lui ai dit : « Dans plusieurs traditions et même en Occident, c'est rien de barbare. Cela fait partie des rituels quotidiens et parfois nécessaires pour « calmer les dieux ». Tu viens d'en être au courant et quand tu sauras que c'était courant à un moment donné de l'histoire et existe toujours d'autres formes, tu ne seras plus frustrés.

Par exemple, les missions suicides, les opérations Kamikazes, les chambres à gaz, la pratique de la torture par les services secrets, l'utilisation des armes chimiques, les bombardements atomiques étaient et sont toujours considérés par des groupes ou des gouvernements comme des bonnes méthodes pour en découdre avec les gens qu'ils détestent- et pourtant nous les classons bien dans la classe des civilisés.

Ne tombe pas dans le piège des medias occidentaux qui sont capables de faire croire qu'il faut être inhumain et effroyable pour utiliser l'arme chimique, la bombe atomique, la torture, les chambres à gaz, les missions suicides et les opérations kamikazes. Ce sont leurs gouvernements, universités et centres de recherche – « qui n'ont rien d'officiellement terroriste » qui les ont créés ». Les syriens, iraniens et russes n'ont fait que les copier.

J'ai poussé ma réflexion loin pour lui dire que je trouve normal (même si je ne l'encouragerais pas) que la Syrie utilise l'arme chimique pour en finir le plus rapidement possible avec la rébellion pour plusieurs raisons :

- Chercher à en finir par tous les moyens avec l'ennemi est l'une des raisons d'être de la guerre ;

- Les Etats-Unis étaient convaincus que l'utilisation de la bombe atomique à Hiroshima et Nagasaki était la seule façon pour eux de montrer à qui doit le savoir qu'ils sont désormais les grands gendarmes du monde – et ils ne sont pas prêts à démanteler leur arsenal nucléaire comme ils obligent les autres à le faire.

- Ils sont convaincus (les Etats-Unis d'Amériques) et trouvent normal que c'est la bonne façon de faire les choses –et ils ne sont pas meilleurs que Hitler et les nazis. Nous sommes tous des barbares.

- La dictature n'est devenue une aberration que dernièrement et si les institutions américaines n'étaient pas solides, Donald TRUMP et ses amis ont tout ce qu'il faut pour passer à ce que le commun « des sensés » appelle les dérives autoritaires. Pour TRUMP et ses amis, c'est normal d'aller chercher les autres, les faire chanter (exportations chinoises vers les USA et dossier nucléaire coréen, traité pacifique) et les cogner lorsqu'on est convaincu qu'ils sont la source de ses pires déboires.

Bien évidemment, du point universel, je n'adhère à rien de tout cela. Qu'importe ! Trump, Bashad Al Assad et les autres s'en foutent de ce que je peux penser. *Je refuse juste de m'en offusquer parce que je sais prendre assez de hauteur pour comprendre que lorsque l'être humain finit de se convaincre de ce que l'autre est son vrai problème, il est capable d'utiliser des solutions pareilles pour en finir avec lui. Et c'est une norme depuis des millénaires. Pourquoi s'en offusquer au 21è siècle ?*

Au risque de me tromper, je pense que *le degré le plus élevé de tolérance, c'est d'accepter et de comprendre que l'autre ne soit pas tolérant.*

Jouez maintenant le jeu mental du leadership

Nous devons réviser notre point de vue quant à ce qui est normal. N'est-ce pas ? Du moins si nous ne voulons pas nous offusquer.

La plupart des gens pensent qu'accepter les « anomalies» est un aveu d'impuissance. Et pourtant accepter les « anomalies » est le signe d'une maitrise de soi et d'une contenance de ses ardeurs. J'aime à dire que les gens qui ont l'habitude de trouver ceci ou cela anormal sont en fait des masochistes. (Ne m'en voulez pas pour cela).

Le leader qui veut s'entrainer à jouer efficacement le jeu intérieur du leadership doit savoir se challenger pour accepter le « communément inacceptable » et ensuite prendre de la hauteur pour savoir la meilleure façon de la traiter pendant que les autres s'offusquent et retournent facilement à leur reflexe animalier de défense et d'agression incontrôlée.

Le leader doit se demander : ***« A quel point je peux supporter l'anormal et l'inhabituel et ne pas les laisser me faire perdre de vue les fondamentaux de l'action axée sur les principes universellement acceptables et acceptés ? »***.

Répondre aisément à cette question suppose pour le leader qu'il commence à ne plus obliger le monde et la vie à être comme il le veut et à savoir prendre du recul pour se dire : *« Il y a des choses normales qui me sont inconnues et qui vont survenir de temps en temps et peut-être souvent et auxquelles je vais devoir m'habituer et m'adapter si je ne souhaite pas me créer des frustrations inutiles »*.

La plupart des gens s'énervent dans les situations suivantes et bien d'autres. Le leader qui sait jouer le jeu mental du succès, doit se dire : *« C'est normal ! C'est moi qui n'étais pas au courant ! Qu'importe! L'essentiel, c'est que je veux garder le contrôle. Alors je l'accepte et m'adapte s'il y a besoin que je m'adapte pour me sentir bien dans ma peau et surtout garder le contrôle »*.

VOYONS QUELQUES SITUATIONS DANS LESQUELLES LE LEADER PEUT COMMENCER A S'EXERCER A LA NORMALITE CONSTANTE.

- **Est-ce normal que vous reprochiez la même chose à une personne et qu'elle fasse à chaque fois exactement ce que vous lui demandez de ne pas faire ?** Bien sûr ! Pourquoi ? Parce que lorsque vous interdisez une chose à une personne, vous lui dites ce qu'il ne faut pas faire et non ce qu'il faut faire. Il essaie de ne pas le faire mais il ne sait pas ce qu'il doit faire et quand il se perd, il fait ce que vous lui demandez de ne pas faire. C'est simple : « les gens font ce dont on leur parle même si c'est conjugué à la forme négative ».

Pour retrouver le lead, vous n'avez pas à vous en prendre à lui, dites-lui ce que vous attendez de lui et montrez-lui que vous comptez sur lui pour y arriver. Et surtout : donnez-lui toutes les informations, les outils et l'accompagnement nécessaires pour y arriver.

- **Est-ce normal qu'un manager ou un dirigeant qui n'arrive pas à survenir à ses besoins personnels soit tenté de mentir, de voler ou de détourner de l'argent ?** Bien sûr ! Pourquoi ? Parce qu'il faut un minimum de confort pour pratiquer la vertu. Une personne qui n'est pas à l'abri du besoin et qui a du bien abondant en face ne résistera pas longtemps à l'envie de se servir abusivement même s'il connaît toutes les règles de vertu.

Pour retrouver le lead, il faut se demander : **« *Quel dispositif allons-nous mettre en place pour que les gens qui gèrent le bien abondant commun soit tellement à l'abri du besoin qu'ils ne soient pas tentés d'abuser – sachant que même dans ce cas, quelques-uns vont abuser de temps en temps ?* »**.

- **Est-ce normal qu'un vol soit retardé, reporté ou annulé et que la compagnie ne vous informe pas du tout ou vous met devant le fait accompli?** Bien sûr ! Les gens qui ont l'habitude de voyager régulièrement savent que c'est quelque chose qui arrive très souvent. Ils savent également que le domaine de l'aviation est tellement critique que l'imprécision est interdite et que parfois une compagnie peut ne pas donner l'information, la bonne information ou faire économie de vérité parce qu'elle ne veut pas prendre des risques.

Les leaders qui savent jouer efficacement le jeu intérieur du leadership savent que le retard, le report, l'annulation sont des choses normales. Par exemple, une bonne investigation ou une bonne connaissance de l'aviation civile et du transport de passagers laissera comprendre facilement qu'un retard peut être dû à plusieurs situations : 1) Un contrôle technique de dernière minute demandée par le commandant pour éliminer tout doute ; 2) Un passage qui s'est perdu dans les terminaux et qu'on tient à faire embarquer; 3) Des bagages ou des passagers en correspondant arrivés avec du retard avec un risque de coût énorme si on ne les embarque pas ; 4) Une congestion sur la piste qui a retardé l'atterrissage de vols précédents ; 5) Un défi technique sur la plate-forme aéroportuaire de provenance ou d'atterrissage ; 6) Un temps orageux ou des conditions climatiques critiques ; 7) L'indisponibilité d'aéronef de remplacement en cas de panne.

Tellement de bonnes raisons que normalement personne ne devrait se plaindre lorsqu'un vol ou un embarquement prend du retard. Vous savez comment les gens réagissent dans ces cas.

Naturellement, le leader sait que la compagnie peut prendre des dispositions. Maintenant, pour garder le lead et jouer efficacement le jeu intérieur du leadership, il doit se dire : **« Dans une situation pareille, si j'étais le manager de la compagnie, est-ce que ce serait évident pour moi de trouver une solution ? »**. Une bonne introspection l'amènera certainement à prendre du recul et à se dire sincèrement : **« Ca n'arrive pas qu'aux autres » et se calmer.**

- **Est-ce normal que les gens ne comprennent pas votre langue ou qu'ils n'aient pas prévu de traducteur à une conférence ?** Bien sûr ! Pour eux, la plupart des gens devraient comprendre la langue dans laquelle l'essentiel de la conférence se déroule (l'anglais). Au fait, ils se disent que c'est vous qui devez vous adapter à eux et non eux qui devraient prendre des dispositions pour vous faciliter les choses – surtout qu'ils n'y sont pas contraints.

Pour prendre le LEAD, il faut se demander : **« Comment je fais pour parler les langues ou la langue dans laquelle je suis sûr de me faire comprendre par le maximum de gens et quel plan je dois mettre en place pour y arriver ? »**. Si vous réussissez à déployer un tel plan, vous ne serez plus jamais frustré que les gens ne comprennent et ne parlent pas votre langue.

- **Est-ce normal que la connexion Internet soit lente ou que le réseau mobile flotte et que la ligne soit instable ?** Bien sûr ! Les premiers à utiliser le téléphone mobile et Internet savent très bien que nous sommes actuellement gâtés et que les coupures ou ruptures de réseaux ou de faisceaux n'ont jamais été aussi rares que maintenant. Si vous avez affaires à une rupture, vous devez prendre du recul et compatir avec les premiers utilisateurs du réseau mobile et d'Internet. Ils étaient heureux d'avoir une connexion ou un réseau pire que ce que vous avez actuellement.

Pour prendre le LEAD et jouer pleinement le jeu intérieur du leadership dans une telle situation, le leader doit se dire : « ***Si les gens qui n'avaient pas du tout de réseau ne se plaignaient pas o se contentaient du peu qu'ils pouvaient avoir pour communiquer, pourquoi je ne prends de la patience pour gérer tranquillement cette situation , à défaut de la trouver normal ?*** ».

- **Est-ce normal qu'une personne soit en retard à un rendez-vous que vous avez avec elle ?** Bien sûr ! Il est possible qu'il soit tombé dans des embouteillages. Bien sûr, vous vous dites peut-être qu'il aurait dû prendre des dispositions pour être à l'heure malgré les risques d'embouteillage. Sans aucun doute. Sauf qu'il n'est peut-être pas aussi prévoyant et expérimenté que vous. La seule ignorance que nous devons nous obliger à tolérer, c'est le fait que les autres ne soient pas aussi expérimentés et aussi prévoyants que nous. N'est-ce pas ?

Pour garder le LEAD, le leader doit se dire : « ***Est-ce vrai que je n'ai jamais été en retard ni défaillant dans ma vie du fait de contraintes que je ne n'ai pas pu gérer ? Au lieu de me plaindre et de m'impatienter, quelles utilisations je dois faire de mon temps actuellement, le temps qu'il arrive ?*** ».

- **Est-ce normal qu'une personne rate son échéance et n'honore pas ses engagements ?** Bien sûr ! Il suffit que le moyen principal ou l'un des moyens principaux qu'il a prévu utiliser pour honorer l'engagement ne tiennent pas ou qu'au dernier moment il n'a pas pu tout simplement ou a préféré honorer un autre engagement parce que c'était plus contraignant pour lui.

Pour garder le lead, le leader doit se demander : « ***Quelle valeur j'ai et quels principes je dois travailler moi-même à m'imposer ou à appliquer pour tolérer et comprendre qu'à un moment de ma vie je n'ai pas été aussi réglo et que je*** *pourrais être amené à ne pas l'être si certaines conditions ne sont plus remplies ? »*

- **Est-ce normal qu'une personne parle mal une langue ou l'écrive mal, ne prenne pas la peine de bien articuler les mots et d'utiliser un bon accent et qu'on doive faire l'effort de le comprendre ?**
Bien sûr ! Par exemple, lorsque vous étiez enfant (0 à 3 ans), vous l'avez fait et vos parents ont pris toute la peine d'être patient et de faire l'effort de vous comprendre. S'ils ont pu le faire, vous pouvez bien le faire à moins de refuser de faire l'effort intellectuel nécessaire et de préférer vous plaindre, vous offusquer et vous dérober « lâchement ».

Par exemple, lors des conférences internationales, les anglophones tolèrent bien que les non anglophones ne parlent pas aussi bien l'anglais qu'eux et sont assez patients pour les suivre et les comprendre. Ce sont les francophones parmi les anglicisants qui sont souvent impatients et intolérables envers les francophones qui ont du mal.

Pour garder le LEAD, le leader doit se mettre à la place de l'autre et se dire : « ***A une certaine époque, à mes débuts, j'avais exactement les mêmes difficultés à parler, à avoir un bon accent, à bien écrire et à me faire comprendre sans que les autres ne soient obligés de faire des efforts***».

- **Est-ce normal qu'une personne vous trahisse alors que vous lui avez rendu le plus grand service ?** Bien sûr ! Il le fera s'il voit qu'Il peut se passer de vous, si vous n'avez rien fait pour continuer de lui être très utile et surtout s'il s'est tapé un nouveau leader ou un nouveau bailleur qui l'aide et le pourvoit plus que vous ne l'avez fait !

Pour ne pas s'offusquer et conserver le LEAD, le leader doit se demander : « ***1) Est-ce que je n'ai jamais trahi personne dans ma vie et si certaines conditions n'étaient pas remplies et que je ne m'imposais pas certaines valeurs, est-ce que je n'aurais pas déjà trahi à plusieurs reprises moi aussi ? 2) Qu'est-ce que je dois changer et améliorer à mon niveau pour que les gens n'aient aucune bonne raison de me trahir et que s'ils venaient à le faire, ils aient tout le regret après coût et comprennent que c'est mieux de revenir vers moi ?*** » .

Nous y sommes définitivement. Il est question pour celui qui veut jouer pleinement le jeu intérieur du leadership de se demander ce qu'il doit améliorer ou changer à son propre niveau pour ne plus s'offusquer inutilement face à ce qui pourrait paraître anormale, injuste, inadmissible, intolérable, incompréhensible, inconcevable, inacceptable et impossible.

PASSEZ METHODIQUEMENT A L'ACTION

Voici quelles méthodes essentielles que vous pouvez utiliser pour pratiquer la banalisation des défaillances:

- **LA METHODE DE L'ELARGISSEMENT DU CHAMP DES NORMES.**

    Elle consiste à se dire clairement ce qu'on connaît soi-même comme étant normal, tolérable, possible, acceptable, admissible, concevable n'est pas suffisant et qu'il y a bien d'autres normes, valeurs, principes et règles que les autres utilisent ou conçoivent comme étant normal, tolérable, possible, acceptable, admissible et concevable. Et pour ne pas s'offusquer, perdre le contrôle et se faire mal inutilement, il faudra les intégrer et les accepter (même si on ne fait pas la même chose).

    Dans la pratique, elle amène à chercher à connaître d'autres cultures, d'autres façons de faire les choses, d'être et de vivre, de voyager et découvrir de nouvelles choses, de nouveaux principes et règles et ne pas se fermer dans ce qu'on sait ou qu'on a toujours su au risque d'être très heurté lorsqu'on rencontre des choses, des situations, des attitudes ou des personnes différentes.

    Quelles sont les situations dans lesquelles vous devez désormais utiliser cette méthode afin de jouer efficacement le jeu intérieur du leadership ?

___

- **LA METHODE DU RESPECT DE LA DIFFERENCE.** Elle consiste à accepter et admettre que c'est normal que les autres ne pensent, n'agissent et ne soient pas comme nous le sommes et qu'il y a bien de choses valables et tolérables au-delà de ce que nous sommes, faisons ou pouvons penser.

Dans la pratique, elle consiste à ne pas vouloir que les autre soient, fassent et pensent comme soi avant de les accepter et de les respecter ou encore de leur donner de la considération SURTOUT lorsqu'on n'a pas la même origine, le même vécu, le même parcours, les mêmes expériences, les mêmes idéaux, la même vision, les mêmes défis ni les mêmes fondamentaux. Et surtout, savoir qu'on peut s'enrichir avec les différences.

Quelles sont les situations dans lesquelles vous devez désormais utiliser cette méthode afin de jouer efficacement le jeu intérieur du leadership?

_____
_____
_____
_____
_____
_____
_____
_____
_____
_____
_____
_____

- **LA METHODE DE L'ENQUETE PREALABLE.**

Elle consiste à chercher l'information ou les bonnes raisons qui expliquent une attitude anormale ou inadmissible avant de chercher à vouloir démontrer et à montrer quelle devrait être la bonne chose à faire.

Elle consiste à se dire que les autres ont de bonnes raisons d'agir tel qu'ils agissent et de penser telles qu'elles pensent tout simplement parce qu'ils utilisent des normes, règles, principes et fondamentaux qui sont tout simplement différents des nôtres ou qu'ils ont des défis, contraintes ou blocages qui les empêchent à penser, agir et se comporter comme nous.

Ce qui fera que nous allons chercher à les comprendre et à les tolérer plutôt que de vouloir nous attendre vainement à ce qu'ils fassent, pensent et agissent comme nous pensons et agissons.

Dans la pratique, elle revient à ne pas juger les autres pour leurs attitudes et chercher à comprendre ce qu'ils vivent, ce qui leur est arrivé, ce qu'ils pensent ou pensaient ou ont toujours pensé normal et qui peut justifier ce qu'ils pensent et agissent tels qu'ils ont pensé ou agi.

Quelles sont les situations dans lesquelles vous devez désormais utiliser cette méthode afin de jouer efficacement le jeu intérieur du leadership?

_____
_____
_____
_____
_____
_____
_____
_____

- **LA METHODE DU TEMPS DE MATURATION.**

Elle consiste à se dire que lorsque les autres ne pensaient et n'agissaient de la même manière que nous et que nous avons fini par les convaincre qu'il y a une meilleure façon de penser et d'agir, il faut leur laisser le temps de comprendre et surtout de faire les expériences leur permettant de se rendre compte de ce qu'ils doivent absolument changer et améliorer leur façon d'être et de faire.

Dans la pratique, elle consiste à donner à ses enfants, collaborateurs et mêmes nouveaux partenaires, le temps de s'adapter et de s'aligner sur nos attentes et ne pas être tellement impatients au point de mal les traiter. Et surtout, savoir qu'une fois qu'ils sont informés et savent ce qui est bon à faire les gens ont besoin de temps pour s'adapter, s'habituer et s'aligner et finir par penser et agir tel que nous le voulons.

Quelles sont les situations dans lesquelles vous devez désormais utiliser cette méthode afin de jouer efficacement le jeu intérieur du leadership?

_____
_____
_____
_____
_____

_____
_____
_____
_____
_____
_____

- **LA METHODE DE LA PREFERENCE POUR LE CONTROLE.**

Elle consiste à savoir clairement qu'on n'a mal face à l'inédit, à l'anormal, l'inconcevable, l'inadmissible, à l'injuste, l'impensable, l'impossible et à l'intolérable que lorsqu'on refuse de le trouver normal.

Dans la pratique, elle consiste à choisir délibérément de supposer que tout est normal afin de garder le contrôle et ne plus se sentir mal inutilement même si ce qui se passe autour de soi semble clairement inédit, anormal, inconcevable, inadmissible, injuste, impensable, impossible et intolérable.

Il faut se dire en effet : « S'il y a une seule raison pour laquelle je dois accepter ce qui se passe, c'est parce que je veux me sentir bien dans ma peau et cette raison compte pour moi plus que quoi que ce soit d'autres ».

Quelles sont les situations dans lesquelles vous devez désormais utiliser cette méthode afin de jouer efficacement le jeu intérieur du leadership?

_____
_____
_____
_____
_____
_____
_____
_____
_____

- **LA METHODE DE L'ATTITUDE SUPERIEURE.**

Elle consiste à se dire que ce n'est pas parce que ce qui se passe est inédit, anormal, inconcevable, inadmissible, injuste, impensable, impossible et intolérable que je vais me permettre d'avoir une attitude ou une réaction qui soit pire que ce qui est indigne du rang que j'ai et du leader que j'aspire à devenir.

Dans la pratique, elle consiste à ne pas descendre au niveau de bassesse des gens ou des situations que nous pensons ne pas correspondre à nos normes et à avoir à chaque fois une réponse et une attitude qui soient plus mures et plus grandes que ce que nous déplorons. C'est cette attitude supérieure que Mandela a eue quand il a répondu à ses compagnons qui voulaient faire subir aux blancs ce qu'ils ont fait subir aux noirs pendant l'Apartheid : « Nous n'allons pas leur faire ce qu'ils nous ont fait ».

Si une personne a une attitude que vous savez inadmissible, vous devez vous assurer de ce que l'attitude que vous avez en réponse soit supérieure à ce qu'il a pu avoir sur l'échelle universelle des valeurs.

Quelles sont les situations dans lesquelles vous devez désormais utiliser cette méthode afin de jouer efficacement le jeu intérieur du leadership?

_____
_____
_____
_____
_____
_____
_____
_____

- **LA METHODE DE L'ALIGNEMENT SUR LES VALEURS UNIVERSELLES.**

Elle consiste à savoir que même si les valeurs peuvent être différentes d'un pays à l'autre, d'une région à l'autre, d'un niveau à l'autre, d'une époque à l'autre, il existe des valeurs qui sont universellement acceptables et acceptées et considérées partout comme des normes quels que soit le lieu ou l'époque et s'obliger à s'aligner sur ces valeurs en plus de tolérer les valeurs locales et leurs variantes.

Dans la pratique, elle consiste à tolérer et respecter ce que les autres sont, pensent et font et ne pas les juger pendant qu'on s'oblige à faire être, faire et penser ce que la grande majorité des êtres humains quel que soit l'époque et l'espace peuvent considérer comme une bonne façon d'être, de penser et de faire.

Quelles sont les situations dans lesquelles vous devez désormais utiliser cette méthode afin de jouer efficacement le jeu intérieur du leadership?

_____
_____
_____
_____
_____
_____
_____
_____
_____
_____
_____
_____

- **LA METHODE PENSER & AGIR CORRECTEMENT SOUS PRESSION (PASP).**

Elle consiste s'oblige à avoir l'attitude normale et alignée sur les principes de production de résultat durable et ne pas laisser les pressions ni les provocations ou frustrations face à l'inhabituel, l'inédit, l'impensable, l'impossible, l'intolérable, l'inconcevable, l'inadmissible et à l'inacceptable nous pousser à perdre le contrôle et à ne plus penser et agir correctement.

Dans la pratique, elle consiste à se demander face à l'inhabituel, l'anormal, l'inédit, l'impensable, l'impossible, l'intolérable, l'inconcevable, l'inadmissible et à l'inacceptable : « Comment j'aurais pensé et agi si ce que j'ai en face était normal, habituel, pensable, possible, tolérable, concevable, admissible et acceptable et dont je dois agir maintenant pour avoir du résultat durable quoi qu'il en soit ? ».

Il est question de ne rien penser ni rien faire qui nous dévie des résultats que nous désirons ardemment obtenir et qui valent la peine d'être obtenus.

Quelles sont les situations dans lesquelles vous devez désormais utiliser cette méthode afin de jouer efficacement le jeu intérieur du leadership?

_____
_____
_____
_____
_____
_____
_____

- **LA METHODE DE LA RECHERCHE SCIENTIFIQUE**
  Elle consiste à laisser de côté les a priori et les conceptions personnelles, connaissances antérieures et laisser les nouveaux faits nous dire ce que nous devons retenir au lieu de laisser nos convictions et a priori biaiser nos appréciations.

  Dans la pratique, elle consiste à poser un regard neuf sur les choses comme si l'on ne connaissait rien et à laisser les réalités et les faits crus nous enseigner ce qu'ils doivent nous enseigner afin que nous ayons une meilleure appréciation des situations et ne rien biaiser ni travestir.

  Quelles sont les situations dans lesquelles vous devez désormais utiliser cette méthode afin de jouer efficacement le jeu intérieur du leadership?
  _____
  _____
  _____
  _____

- **LA METHODE DU DESAPPRENTISSAGE**

Elle consiste à vider son verre et à arrêter d'avoir ces a priori qui font que nous avons à chaque fois une analyse biaisée des situations et nous trompons constamment sur la façon dont il faut gérer les situations et les autres.

Dans la pratique, il faut questionner les nouvelles réalités et supposer que tout ce qu'on connaissait jusque-là est faux ou n'est pas contextuel, laisser le contexte nous enseigner des choses et surtout aller à la découverte de nouvelles normes qui nous permettront d'améliorer notre excellence personnelle.

Quelles sont les situations dans lesquelles vous devez désormais utiliser cette méthode afin de jouer efficacement le jeu intérieur du leadership?

Chapitre 6

LE POUVOIR DE LA GRANDEUR INTERIEURE

Il est facile de nous élever et faire de grandes choses lorsque nous avons des convictions et des valeurs suffisamment grandes et élévatrices auxquelles nous tenons et qui ne nous permettent pas de nous faire n'importe quoi.

La grandeur est le vrai socle du leadership

Nelson Mandela avait atteint le niveau supérieur de grandeur lorsqu'il a pu rester tellement fidèle à ses convictions et ses valeurs fondamentales de base que même lorsqu'on lui a volé 27 ans de sa vie et l'opportunité d'éduquer et de voir ses enfants grandir et son peuple s'autodéterminer et exceller librement, il n'a pas pour autant laissé ses valeurs et principes fondamentaux de base de côté.

- **Il croyait à la liberté et au droit pour tous de s'exprimer et d'entreprendre librement.** Même après en avoir été privé, et une fois qu'il s'est retrouvé en position de force, il n'a pas violé cette valeur fondamentale et ne s'en est donc pas pris aux blancs.

- **Il a fini par croire en la puissance du pardon.** Il a invité son geôlier à son investiture alors que de son temps, aucun pardon ne lui a été offert au moment où il le désirait. Mais comme il a fini par croire au pardon, il s'est dit que tout le monde y a droit.

- Il s'est élevé pour croire qu'il fallait du pain et de la paix pour tous et pour croire en **la grandeur de l'effort pour vivre ensemble.** Alors, quand il était en position d'offrir du pain aux noirs, il n'a pas jugé nécessaire d'exproprier injustement et totalement les propriétaires blancs pour y arriver. Mieux, il a contribué à créer et à bâtir la nation la plus multicolore d'Afrique.

Je considère personnellement ces moments de vérité de la vie et de la carrière de Mandela comme des moments charniers pour l'apprenti leader que je suis. Et comme la plupart des gens, je considère Mandela comme l'un des rares hommes que l'humanité ait connu et qui ait su faire preuve de grandeur. Je m'oblige à jouer pleinement le jeu intérieur du leadership pour m'élever à chaque occasion à ce niveau de grandeur et d'expression optimale du leadership.

Ce que je sais, c'est qu'il est facile de tomber bas et de violer la maxime de Mandela : « Nous n'allons pas leur faire ce qu'ils nous ont fait ».

Chacun d'entre nous devrait donc faire son introspection et se demander : **« Est-ce que je suis déterminé à m'obliger à un tel niveau de grandeur ou je me permets de tomber souvent aussi bas que les autres m'ont traîné ? »**.

Quelques questions pour jouer le jeu intérieur du leadership

- Comment je réagis souvent lorsqu'une personne qui ne mérite pas du respect ou qui fait des choses indignes se retrouve sur moi ma voie ? Est-ce que j'arrive toujours à m'élever pour ne avoir aucune attitude qui soit plus petite que celle digne de mon rang ?

- Comment je réagis souvent lorsque je me retrouve en position de force et ai la possibilité de me venger d'une personne qui a abusé de moi ou n'a pas été correct avec moi lorsque j'étais en position de faiblesse ? Est-ce que je lui fais subir ce qu'il a fait subir ou j'arrive toujours à m'élever pour ne avoir aucune attitude qui soit plus petite que celle digne de mon rang ?

- Comment je réagis lorsqu'on s'en prend à une personne qui est naturellement en défaillance et « mérite selon le commun des mortels » qu'on le traine dans la boue et l'humilie parce qu'il n'a personne qui puisse prendre fait et cause pour lui ? Est-ce que je comporte comme le commun des mortels ou je m'oblige à ne pas faire comme le commun des mortels et arrive toujours dans une telle situation à m'élever pour ne avoir aucune attitude qui soit plus petite que celle digne de mon rang ?

- A quel point j'exige des autres qu'ils soient forcément corrects et impeccables avant que je ne sois correct et impeccable avec eux ? Est-ce que je réussis toujours à m'obliger à utiliser ma bonne attitude à leur enseigner et leur montrer quelles sont les bonnes attitudes à avoir et le niveau auquel il faut s'élever dans de pareilles situations ? Est-ce que j'arrive toujours à m'élever pour ne avoir aucune attitude qui soit plus petite que celle digne de mon rang ?

- A quel point je refuse de dénoncer mes engagements et mes obligations et fais tout pour finir par les honorer même lorsque visiblement les choses ne sont pas faciles pour moi et que j'ai vraiment du mal ? Est-ce que il m'arrive de trouver des excuses et des prétextes pour ne pas faire ce que je dois parce que pour rester égal à moi-même et à mes engagements ? Est-ce que j'arrive toujours à m'élever pour ne avoir aucune attitude qui soit plus petite que celle digne de mon rang ?

La différence fondamentale entre la grandeur et la bassesse réside essentiellement dans la capacité à s'imposer de s'aligner sur des valeurs et principes fondamentaux auxquels on croit fermement et qui sont à une échelle largement supérieure à l'altitude à laquelle les gens qui nagent dans la bassesse se complaisent à surfer. Et pour ce faire, il faut avoir des attachements plus forts.

Des choses plus grandes auxquelles on tient

Il est clair que s'élever constamment au diapason de la grandeur et refuser la lâcheté n'est pas l'exercice le plus facile à faire. Mais la bonne nouvelle, c'est que la constitution des bases de la grandeur peut s'opérer par le renforcement des convictions intérieures.

Elle repose sur le principe suivant : « Il est facile de dire non, lorsqu'on a un OUI intérieur plus fort»

Les gens qui ont des convictions intérieures très fortes qu'ils ont éprouvées et confirmées et qui ont servi de bases à leur grandeur toute leur vie ne se permettront pas de lâcher banalement parce qu'ils seraient sous une haute pression.

C'est pour cela que le travail important à faire ici,

c'est de renforcer ses convictions intérieures, d'aller sur les terrains de l'action les plus hostiles et de les éprouver pour les solidifier au point où elles deviennent inébranlables.

Examinons sous plusieurs angles des situations où il a été très facile pour beaucoup (moi compris) de balancer de la grandeur et à la bassesse et étudions ce qui a facilité ce basculement.

Une personne était convaincue que ce n'est pas bon de tromper son épouse ou son époux. Mais il n'a jamais fait elle-même la liste des bonnes raisons pour lesquelles elle doit conserver cette conviction et il n'est sans jamais allé sur les terrains où cette conviction peut être éprouvée.

Ce qui veut dire déjà que la conviction n'était pas solide. Au lieu d'avoir clairement à l'esprit les bonnes raisons pour lesquelles il ou elle devra rester fidèle et de les éprouver pour les solidifier, elle considère que c'est un acquis et qu'aucune épreuve ne l'en éloignera.

Il ou elle commence à avoir des difficultés au sein de son couple pour commencer. Comme si cela ne suffisait pas, les convoitises extérieures se multiplient et la corruption par de nouvelles convictions telles que « Ce n'est pas évident de ne pas tromper son épouse ou son époux » s'élargit et estompe totalement ses propres convictions de base.

Une fois qu'il est mis sous pression, il cède.

A vrai dire, il n'avait rien de solide en place qui pouvait véritablement servir de rempart contre les agressions et les attractions extérieures.

S'il avait renforcé les liens avec son époux et épouse, l'a aidé à être plus attractif que ce qu'on peut rencontré d'attractif dehors, s'il a son époux et son épouse avec lui presque tout le temps ou les deux se soutiennent et se parlent souvent, il s'exerçait à se rappeler les valeurs et ses convictions, il ou elle aurait mieux renforcé le OUI intérieur qui allait lui servir de rempart contre les propositions extérieures et il dirait facilement « NON».

C'est simple, lorsqu'on perd de vue ce en quoi on doit croire et s'attacher et les raisons pour lesquelles on doit il y croire et s'attacher, il est facile de céder à autre chose et tomber dans les « bassesses ».

Laissez-moi expliquer comment mon désir de grandeur a été éprouvé et battu à plusieurs reprises malgré à mon grand attachement à l'excellence. La bonne nouvelle, c'est que je n'ai pas que chuté, j'ai appris et grandi et suis plus déterminé maintenant.

En bon catholique, formé et élevé par les prêtres, j'ai été clairement convaincu qu'on devrait rester chaste jusqu'au mariage (CONVICTION SOLIDE). Je m'étais laissé convaincre facilement parce que j'ai appris de Saint Paul que « notre corps est le temple du Saint Esprit » (POURQUOI CLAIR).

A plusieurs reprises, je me suis entrainé à dire que je ne devrais pas toucher une femme -au moment où j'aspirais encore à aller au séminaire ou à rester chaste jusqu'au mariage -quand je savais que je n'allais plus entrer au séminaire. J'ai pu tenir jusqu'à 24 ans (ENTRAINEMENT MENTAL).

Non seulement j'étais convaincu qu'il fallait garder la pureté mais je ne me voyais pas en train de vivre dans l'impureté (ADHESION MORALE)

Bien évidemment, j'ai été exposé à plusieurs reprises et même lorsque j'étais allé à l'étranger (étudiant à Dakar au Sénégal), je croyais plus à l'amour pur conduisant au mariage qu'au besoin de saisir des opportunités de « jambes à l'air » sans bases…J'avais bien tenu jusqu'à obtenir mon Master (EXPOSITIONS EPROUVANTES VAINES).

Parce qu'à Dakar, je fréquentais peu de gens et faisais attention à qui j'avais comme amis, il était très facile pour moi de tenir bon (CERCLE D'ACCOMPAGNEMENT).

Lorsque j'étais rentré au Bénin pour mon stage de fin de cycle, je vivais avec un cousin qui recevait régulièrement sa copine (et d'autres filles) à la maison. Pendant ce temps, je m'étais mis à vivre ma crise tardive de puberté. C'était dur ! Alors arrive le moment où la copine de mon cousin me présente sa cousine. Au début, j'étais timide. Et puis il y a eu une deuxième, trois et une quatrième occasions. J'avais tenu bon (poursuivant mon entrainement mental et la connexion avec mes convictions).

Et puis un jour j'étais fatigué mentalement et émotionnellement avec un air de déprimé. La fille est arrivée ce soir-là à nouveau. J'ai accepté sympathiser avec elle et nous sommes sortis ensemble (EXPOSITIONS EPROUVANTES PLUS PUISSANTES).

Cette expérience m'a montré clairement que personne ne peut dire qu'il est fort ni qu'il peut atteindre un certain niveau de grandeur et de fidélité à ses « valeurs » s'il n'a pas tenu bon après des expositions éprouvantes.

J'ai pu abouti à la formule suivante de la grandeur potentielle :

GRANDEUR POTENTIELLE = RESILIENCE RENFORCEE + PERFORMANCE ADAPTATIVE = CONVICTIONS SOLIDES + POURQUOI CLAIR + ENTRAINEMENT MENTAL + ADHESION MORALE + EXPOSITIONS EPROUVANTES VAINES + CERCLE D'ACCOMPAGNEMENT

- Je parle de « ***grandeur potentielle*** » parce que lorsque ces éléments sont en place, vous avez une plus grande chance de faire preuve de grandeur et à vrai dire, vous n'aurez pas besoin de tenir bon 100% du temps pour l'atteindre. Ceci dit, vous devez travailler constamment et renforcer les facteurs pour y arriver.

- ***La résilience renforcée,*** c'est lorsque vous avez réussi à avoir l'ensemble du dispositif en place pour tenir bon et que vous ne faites presque pas d'effort pour atteindre l'excellence. Elle doit être complétée par ***la performance adaptative*** qui vous amène à continuer de performer correctement malgré la pression et la provocation constante venant de l'extérieur.

- Vous atteignez le niveau de **convictions solides** lorsque vous avez été exposé à l'information sur les valeurs et avez fini par y croire.

- ***Le Pourquoi Clair*** vous permet de savoir pourquoi vous devez absolument vous attacher à telle ou telle valeur et surtout ce que vous y gagnez.

- ***L'entrainement mental,*** c'est lorsque vous vous êtes clairement et rituellement rappelé les valeurs ainsi que le pourquoi de votre adhésion.

- ***L'adhésion morale***, c'est lorsque vous savez

clairement que ce n'est pas bon de faire des choses contraires aux convictions entretenues et aurez de la gêne et du grand remord si vous veniez à le faire.

- **Les expositions éprouvantes** vaines sont constatées lorsque vous avez été exposé à plusieurs reprises et de façon éprouvante à la tentation de faire des choses contraires mais vous avez pu résister.

- Vous savez que vous avez **le cercle d'accompagnement** en place lorsque vous avez autour de vous une communauté de gens qui adhèrent aux mêmes convictions si bien que lorsque vous avez envie de céder, vous ne pouvez faire autrement parce que l'environnement ne s'y prête pas ; vous êtes tellement sous le contrôle et le regard des autres que vous ne pouvez pas faire autrement que de rester aligné sur les convictions communes. Dès que vous sortez de ce cercle et intégrez un cercle qui le tolère, vous êtes plus libre de passer outre vos convictions et le jour où vous êtes faible, vous y êtes facilement.

Par exemple, je me disais qu'on ne peut pas aimer une fille et coucher avec une autre et je reste convaincu de cela jusqu'aujourd'hui. Voici ce qui s'est passé pour que je le fasse la première fois de ma vie.

- Ma fiancée et moi avons débuté une brouille le 05 janvier. J'ai tenu bon jusqu'au 17 mai où nous

nous sommes réconciliés. Mais le soir où nous étions allés au restaurant et une autre brouille est survenue.

- La nouvelle brouille aura duré jusqu'au 06 octobre et nous ne nous voyions pas du tout.

- Je m'étais décidé que si je rencontrais une autre fille, je vais voir si ce n'est pas mieux de sortir avec elle. Mais j'ai été rattrapé par les valeurs du pardon;

- Sauf qu'entre temps, j'avais engagé un voyage d'affaires avec une collègue (Exposition Eprouvantes + Cercle d'Accompagnement Inexistant). Un soir après le dîner. Je lui ai parlé de mes difficultés avec ma fiancée. Elle m'a coaché « fièrement » avec une bonne graine de provocation. Mais j'avais tenu bon. Sauf que nous avions enchaîné trois autres voyages la semaine suivante…Je ne sais pas ce qui s'est passé mais j'ai pu avoir de la piété pour elle. Dans l'effort de consolation, je m'étais retrouvé à faire ce que je n'aurais jamais imaginé.

- Après coup, je me suis rendu compte de l'exposition aggravante dans laquelle je me suis mis. J'ai eu du remords et remis les pendules à l'heure en prenant ma distance.

- Nous étions en Septembre. Je me rendis dans un hôtel où je pris une chambre dans le but de faire une surprise le week-end de mon anniversaire à ma fiancée. Elle a décliné l'offre. J'ai dû passer la nuit à l'hôtel seul. Le deuxième jour je l'ai appelée encore en vain.

- EXPOSITION EPROUVANTE : Je reçus l'appel de la fille avec j'avais voyagé et qui voulait avoir de mes nouvelles. Je lui ai dit là où j'étais et comment j'étais seul et comment ma fiancée m'avait laissé en plan. Elle proposa de me rejoindre…

- J'ai hésité longuement jusqu'à ce que les verrous moraux aient sauté (ADHESION MORALE LEVEE). En effet, je me suis dit que vu l'attitude de ma fiancée, je ne fais rien de mal en demandant à l'autre de venir.

Ma financée était au courant de l'affaire. Mais nous avons réussi tous deux à prendre de la hauteur et à nous marier.

Dès lors j'ai compris combien les efforts que j'avais faits n'avaient pas suffi parce que j'avais arrêté de faire le bon entrainement mental en plus d'avoir levé l'adhésion morale. Heureusement mes convictions sont restées les mêmes malgré les chutes et les épreuves. Ce qui fait que j'arrive à faire plusieurs fois preuve de résilience et de performance adaptative.

J'ai également compris que la grandeur n'est pas de la perfection mais de la capacité à se montrer très souvent plus grand que ce qu'on a en face et que parfois, c'est lorsque vous n'avez pas réussi que vous savez combien vous auriez pu travailler plus grandement à réussir.

Cultiver la grandeur et manifester de la grandeur malgré les failles

Comme j'ai l'habitude de le dire, les grands hommes n'ont pas été parfaits, mais ils ont souvent su faire preuve d'une grandeur exceptionnelle à plusieurs reprises et c'est pour cela que nous les adulons.

- Martin Luther KING était et reste un grand homme malgré ses liaisons extraconjugales – non ? Il était trop exposé et trop loin de son épouse – certainement.

- Winston Churchill était et reste un grand homme malgré son addiction à la cigarette et au sexe. Non ?

- John Kennedy était un grand homme malgré ses dépendances et ses addictions diverses. Non ?

- Gandhi reste un grand homme même s'il a pu cacher sa duplicité en matière d'orientation sexuelle. Non ?

- Bill Clinton reste l'un des meilleurs et grands présidents que les USA aient connu malgré l'affaire Monica Levinsky. Non ?

Lorsqu'on étudie bien l'histoire de ces hommes qui resteront grands à jamais, on peut se rendre compte de ce que les expositions éprouvantes ou l'absence d'adhésion morale et le faible entrainement mental ont pu jouer un rôle dans leur fragilisation à certains égards. La pression que Kennedy (Guerre Froide) et Churchill (La 2nde guerre mondiale et l'après 2nde guerre mondiale) devaient gérer étaient telles que leur solidité mentale et morale était mise à l'épreuve à trop de reprises pour qu'ils soient parfaits.

Je comprends d'ailleurs pourquoi John C. Maxwell, le Guru N°1 du leadership depuis plus de 9 ans maintenant aime bien à répéter qu'il ne se retrouve jamais seul à seul avec une femme si sa épouse n'est pas présente. Il sait très bien que l'exposition éprouvante peut finir par fragiliser la personne la plus solide possible.

Le but de l'exercice étant que vous sachiez clairement quels sont les leviers intérieurs et personnels que vous devez renforcer pour conserver votre capacité constante à faire preuve de grande.

Le but de la grandeur, c'est l'orientation résultat constante

Lorsque les leaders doivent prendre des décisions, il y a une contrainte majeure qui s'impose à eux. Ils doivent absolument faire preuve de caractère, de courage et de grandeur pour espérer conserver leur rang et leur titre de leader.

Lorsqu'ils doivent décider, ils ont le choix entre :

- **LA SATISFACTION PERSONNELLE.** Se faire plaisir eux-mêmes en faisant ce qui leur fera du bien au détriment des résultats à produire et de ce que les autres vont penser d'eux.

- **LE POLITIQUEMENT CORRECT.** Faire ce qui va plaire aux autres pour continuer d'avoir une bonne image et se faire apprécier même si cela ne permet pas de produire du résultat sur la durée.

- **L'ORIENTATION RESULTAT.** Faire ce qu'ils doivent pour produire du résultat durable (satisfaction collective de moyen et long terme), n'en déplaise à eux-mêmes (insatisfaction personnelle de court terme) et n'en déplaise à qui que ce soit (mauvaise image dans le court terme).

Voici la formule de l'orientation :

Dictature du Résultat = J'ai mal + Ca va faire mal + Et c'est bon pour tout le monde sur le long terme.

Le leader ne se demande pas si ce qu'il fait va faire lui fera du mal ou fera du mal aux autres. Il sait que ce qu'il sent et pense personnellement et ce que vont sentir et penser les autres ne comptent pas et qu'il doit tout faire ou qu'il doit opérer les choix nécessaires afin que définitivement et durablement les résultats soient au rendez-vous !

- Là où les autres laissent leur avis personnel quant à ce qui est bon à faire les aveugler et leur faire prendre des décisions qui ne soient pas solides sur la durée, le leader dit par exemple : *« J'ai mes objections personnelles sur la question. Maintenant si je dois m'en tenir aux résultats que nous voulons produire, voici ce que nous allons faire… ».*

- Là où les autres laissent les comptes qu'ils doivent régler avec les autres et les gens à qui ils doivent faire des faveurs les aveugler, le leader se demande clairement : *« Si je dois laisser tout ça de côté et regarder le résultat que nous avons à produire, quel choix je dois opérer actuellement pour produire du résultat sur le long terme ?».*

- Là où les autres laissent la compassion (le besoin de protéger les autres) et leur propre fragilité émotionnelle les faire fléchir, le leader se demande clairement : ***« Sachant que je veux aider les autres, m'aider moi-même et travailler pour nos intérêts communs durables, quel choix je dois opérer actuellement pour produire du résultat sur le terrain?»***

- Là où les autres laissent les blessures et les ressentiments personnels vécus sur le coup terme les empêcher de voir les résultats qu'ils seront heureux de produire sur la durée, le leader se demande clairement : ***« Si je dois laisser de côté ce que je sens personnellement, quelle réaction j'aurai sachant le résultat que je serai heureux de produire sur la durée?»***.

Pour jouer efficacement le jeu intérieur du leader, les leaders s'assurent de garder le contrôle de leurs attitudes et de leurs réactions quel que soit ce qui se passe et ce que les autres font.

PASSEZ METHODIQUEMENT A L'ACTION

Voici quelles méthodes essentielles que vous pouvez utiliser pour pratiquer la grandeur intérieure:

- **LA METHODE DU RENFORCEMENT DES « OUI » INTERIEURS**

Elle consiste à argumenter et lister toutes les bonnes raisons pour lesquelles il faut rester fidèles à ses engagements intérieurs jusqu'à avoir suffisamment de raisons pour rester égal à soi-même.

Dans la pratique, elle consiste à s'accrocher à ses bonnes raisons de rester fidèle à ses valeurs et idéaux et de se dire : *« C'est bien tout ça mais j'ai de meilleures raisons de rester fidèle à ce que je me suis toujours dit»*

Quelles sont les situations dans lesquelles vous devez désormais utiliser cette méthode afin de jouer efficacement le jeu intérieur du leadership?

_____
_____
_____
_____
_____
_____
_____
_____
_____
_____

- **LA METHODE DE L'ENTRAINEMENT MENTAL A LA GRANDEUR**

    Elle consiste à s'imaginer en situation de tentations et se voir en train d'utiliser les principes directeurs pour triompher des tentations et prendre de la hauteur pour rester fidèles à ses principes et valeurs.

    Dans la pratique, elle consiste à se dire : « Il est possible qu'un jour je sois en situation d'être tenté de faire (préciser la tentation), voici la bonne raison pour laquelle je tiendrai bon (Préciser la raison). Cette raison est importante pour moi plus que tout. Et voici ce que je me dirai pour tenir bon (Préciser ce que vous vous direz pour tenir bon) ». Vous faites l'exercice avant d'être en situation et vous vous visualisez fort et triomphant jusqu'à imprimer l'image et la sensation dans votre esprit.

    Quelles sont les situations dans lesquelles vous devez désormais utiliser cette méthode afin de jouer efficacement le jeu intérieur du leadership?

    _____
    _____
    _____
    _____
    _____
    _____

- **LA METHODE DU CERCLE DE GRANDEUR**

Elle consiste à ne fréquenter et ne s'associer qu'aux gens qui ont un niveau de principes directeurs solides et similaires à ses principes et de ne recevoir dans un premier temps que des messages qui renforcent sa grandeur intérieure avant de commencer progressivement à aller vers d'autres types de messages et de personnes à principes inférieurs – une fois qu'on se sait solide.

Dans la pratique, elle consiste à pratiquer le communautarisme et être plus souvent avec les gens de son groupe de référence qui nous obligent à devoir respecter les règles et principes d'un niveau très élevés.

Quelles sont les situations dans lesquelles vous devez désormais utiliser cette méthode afin de jouer efficacement le jeu intérieur du leadership?

LE POUVOIR DU COMMANDEMENT INTERIEURTERIEURE

Il est facile de nous élever et faire de grandes choses, lorsque nous avons des convictions et des valeurs suffisamment.

Tout dépend de celui qui te tient

S'il y a une situation dans laquelle les leaders aiment plus à jouer le jeu intérieur du leadership, c'est lorsqu'on tente de les mettre sous contrainte, de les priver de liberté ou leur pose des blocages externes qui pourraient atténuer leur capacité d'aisance et d'autodétermination.

C'est à ce moment précis qu'ils sont capables d'affirmer et de se dire intérieurement : « Ce que tu es en train de faire n'a pas d'importance pour moi. Ce qui compte pour moi, c'est ce que je décide de penser, de sentir et surtout de me dire à l'intérieur de moi-même ».

Lorsqu'ils réussissent à relever ce défi, aucune pression, aucune humiliation et aucune douleur n'est trop forte pour les perturber ni leur faire perdre de vue les choix et l'état d'esprit constant qu'ils doivent adopter.

En effet, nous avons la possibilité de laisser l'attitude et les comportements des autres ou encore les circonstances déterminer nos réactions ou laisser nos valeurs, nos principes, nos convictions et nos résultats désirés les déterminer...

Il est question de se commander à partir de l'intérieur au lieu de laisser les circonstances et les autres nous commander. C'est ce qui fait la différence entre les grands leaders qui se commandent de l'intérieur et les personnes sujettes et fragilement victimes de leur environnement, des circonstances et des attitudes des autres.

C'est simple :

- Si tu es commandé par l'extérieur tu laisses les circonstances et les attitudes des autres déterminer tes réactions.

- Si tu es commandé de l'intérieur, tu laisses tes valeurs, tes principes et tes objectifs les déterminer.

La question la plus importante à se poser pour savoir si nous arrivons à nous commander de l'intérieur ou si nous laissons les circonstances et les attitudes des autres déterminer nos choix nous commander, c'est : **« A quel point ce qui se passe, ce que je subis me fait oublier mes convictions et les règles et principes que j'ai toujours défendus ? »**. La particularité des leaders qui arrivent à jouer efficacement le jeu intérieur du leadership et à utiliser leur pouvoir du commandement intérieur, c'est qu'ils ne changent rien aux convictions, aux objectifs et aux résultats auxquels ils tiennent et auxquels ils veulent aboutir pour rien au monde. S'ils sont capables de faire preuve de flexibilité, ils ne renoncent pas aux résultats et aux convictions intérieurs et intrinsèques auxquels ils ont toujours cru.

Pour les leaders qui arrivent à jouer efficacement le jeu intérieur du leadership et réussissent donc à se commander efficacement de l'intérieur, ce en quoi ils croyaient, ce qu'ils vivaient et défendaient hier reste et demeure ce en quoi ils croient, vivent et défendent aujourd'hui. Ils ne changent pas leurs convictions, leur foi, leurs idéaux, leurs valeurs et leurs attitudes à cause de l'argent, ni du pouvoir, ni des opportunités ni pour quels enjeux que ce soit.

Ils savent tout simplement que le changement d'instance de commandement (passer d'un commandement intérieur à un commandement extérieur) compromet littéralement leur capacité à continuer à produire du résultat et de même que leur sérénité personnelle.

Le commandement intérieur peut se résumer comme suit :

- Les leaders ne négocient pas avec leurs objectifs. Ils peuvent regarder de près les conditions de mise en œuvre ;

- Les leaders ne négocient pas avec leurs valeurs et principes. Ils peuvent comprendre que les autres n'y arrivent pas toujours ;

- Les leaders savent que la première personne dont ils doivent rester leader, c'est eux-mêmes du coup, ils ne cèdent la direction de leur attitude personnelle à personne.

Il n'est pas dit que les leaders sont infaillibles et impeccables tout le temps. Il peut arriver qu'ils flanchent mais ils ne changent pas leurs valeurs, principes et convictions pour autant.

Est-ce qu'il arrive qu'un leader mente (ou ne dise pas la vérité ou toute la vérité) ? Bien sûr ! Mais il n'accepte pas pour autant que ce n'est pas grave de mentir.

Est-ce qu'il peut arriver qu'un leader trompe son époux

ou son épouse ? Bien sûr ! Il reconnaît dans ce cas qu'il a failli, cherche le pardon, se pardonne mais ne décrète pas pour autant que la difficulté à rester fidèle à ses convictions devrait l'autoriser à valider rien qui soit contraire à ses convictions, à ses valeurs et principes de départ.

Ceux qui se commandent de l'intérieur se laissent diriger par les principes directeurs...

Il y a des principes directeurs pour devenir un bon leader, une bonne épouse, une bonne mère, un bon chrétien, un bon musulman, un président de la République, un bon entrepreneur. Si je les applique quelles que soient les circonstances et les attitudes des autres, je serai un bon chrétien, un bon leader, une bonne épouse, une bonne mère, un bon musulman, un bon entrepreneur. Ceci dit je ne peux pas dire que je suis un mauvais leader, un mauvais manager, un mauvais parent, un mauvais chrétien/musulman parce que les gens sont mauvais ou que les choses ne seraient pas faciles.

Je dois me comporter de sorte que les gens ne puissent pas dire : « Lui, on dirait pas un leader, Comment peut-il réagir ainsi ?. Oula ! ».

Pour chaque résultat que je veux obtenir, je me demande quel est le principe directeur et je m'impose quel que soit ce que les autres sont, font et ont ?

Exemple : Un collaborateur pollue l'ambiance avec de fausses informations sur ma personne... Avant de réagir je dois me demander :

1) **Question 1 : Qui je veux être ?** = Un bon leader.

2) **Question 2 : Sachant que je veux être un bon leader, quelle attitude s'impose à moi sachant mes principes directeurs ?**

Je continue d'améliorer mon attitude et mes résultats et surtout refuser de m'en prendre à lui

Exemple : Un frère ou une sœur de ma communauté chrétienne m'a trahi :

1) **Question 1 : Qui je veux être ?** = Un bon chrétien

2) **Question 2 : Sachant que je veux être un bon chrétien leader, quelle attitude s'impose à moi sachant les principes directeurs pour devenir un bon chrétien?**

Je me réfère à ce que la Bible et/ou aux règles de ma communauté prescrivent et je les respecte à la lettre sans me demander si l'autre est correct ou incorrect.

Exemple : Mon épouse ou ma fiancée multiplie les provocations alors que je tiens à lui montrer que je suis la meilleure personne avec qui elle va vivre le bonheur d'aimer et d'être aimé.

1) **Question 1 : Qui je veux être ?** = Un amoureux inconditionnel

2) **Question 2 : Sachant que je veux être un amoureux inconditionnel, quelle attitude s'impose à moi sachant les principes directeurs pour devenir un amoureux inconditionnel?**

Je ne tiens pas compte de ce que l'autre fait pour savoir l'attitude à adopter. Je fais tout simplement ce que la meilleure personne qui soit ferait.

Nous ne pouvons pas contrôler l'attitude des autres mais nous pouvons commander nos réactions

La question n'est pas de savoir si nous aimons nous comporter ou réagir d'une manière ou pas. La question est de savoir si nous sommes contents du résultat auquel telle ou telle réaction nous conduit.

Une attitude n'est ni bonne ni mauvaise en soi. La question est de savoir si elle conduit au bon résultat. Si je suis convaincu qu'une façon de réagir face aux agissements des autres est normale et justifiable mais qu'elle ne me conduit jamais aux vrais résultats que je désire, je dois m'ajuster.

C'est l'histoire d'un homme qui se dit la personne la plus correcte au monde et qui fait toujours tout pour ne pas blesser les autres. A une certaine différence près : Il ne blesse pas les autres donc il s'attend à ce que les autres ne le blesse pas et aient une attitude toujours correcte à son égard.

S'il vient nous consulter à H&C, nous lui dirons ceci : « Toute la question réside dans : « Est-ce que vous êtes correct tout le temps ou vous êtes correct lorsque les autres sont correct ? ». Si vous êtes correct seulement lorsque les autres le sont, vous faites comme une personne qui promet de bien conduire sur la route et respectera le code de la route si seulement les autres le respectent. Il n'est pas commandé par son attachement au respect des règles mais il agit en fonction de l'attitude des autres. Rien d'extraordinaire».

Une personne qui n'est correcte que lorsque les autres sont corrects, non seulement est commandé par l'attitude des autres mais sera une victime ambulante parce qu'il y a de fortes chances qu'il rencontre souvent des gens qui vont aller le chercher et le provoquer au point où il sera souvent amené à sortir de ses gongs. En matière de gestion des provocations dans les relations avec les autres, il y a trois types de figures :

- **« Les centrales nucléaires ».** Vous n'avez pas besoin de les attaquer. Il suffit qu'ils pensent que vous les avez attaqués même si vous êtes et restez de très bonne volonté et ils implosent.

    Ils sont d'une susceptibilité indescriptible au point

où vous êtes obligés de faire vraiment profil bas et les ménager vraiment pour être sûr de réussir avec eux. Deux questions : 1) Est-ce que vous êtes une « centrale nucléaire » ? 2) Est-ce que vous avez les moyens de vous commander de l'intérieur, prendre la hauteur et gérer efficacement une « centrale nucléaire » ?

- **Les « corrects si corrects ».** Ils sont des gens de principes qui font un effort extraordinaire pour être corrects avec les autres. Et en contrepartie, ils s'attendent à ce qu'on soit correct avec eux. Aussi longtemps vous êtes correct avec eux ou tout le monde est correct avec eux, vous ne saurez jamais qu'ils peuvent perdre leur sang froid. Il suffit qu'une personne ne soit pas correcte avec eux et ils sortent de leur gong.

  Et vous ? Etes-vous correct seulement lorsqu'on est correct avec vous ou vous êtes capable de rester fidèle à votre exigence personnelle envers vous-mêmes d'être correct même si les autres sont incorrects ?

- Les **leaders « sauveteurs de relations ».** La plupart des relations dans lesquelles ils sont tiennent encore parce qu'ils ont décidé de les faire tenir bon. En effet, ils ne se demandent pas si les autres sont corrects ou pas. Ils se demandent quels résultats ils veulent atteindre avec eux et pour cette raison, ils se demandent la réaction qu'ils doivent avoir face à l'attitude des autres…

Et vous ? A quel point peut-on dire que quel que soit ce que les autres font, vous savez faire le dépassement de soi nécessaire pour avoir le type d'attitude qui sauve la relation et montre clairement que vous êtes plus fort que ce que les autres font et ce qui vous arrive ?

Une simulation :

ATTITUDE : Mon amie Awa fait des yeux doux à mon époux.

REACTION POSSIBLE 1 : Je rigole et lorsque c'est nécessaire je lui en parle en bonne amie.

RESULTAT POSSIBLE 1 : Je continue de la traiter comme un amie ou nous arrivons à avoir une conversation franche et je conserve mon amitié avec elle.

ATTITUDE : Mon amie Awa fait des yeux doux à mon époux.

REACTION POSSIBLE 2 : Je m'en prends sérieusement à elle et lui interdis de mettre ses pieds dans ma maison.

RESULTAT POSSIBLE 2 : Notre amitié prend un coup et nous ne nous fréquentons plus.

La vérité, c'est que le résultat auquel j'aboutis n'a absolument rien à avoir avec l'attitude de mon amie AWA. Elle a tout à avoir avec ma réaction et le point auquel je laisse les résultats auxquels je veux aboutir déterminer mes réactions.

Prendre un exemple aussi extrême nous permet de voir que c'est dans les situations critiques que notre leadership est challengé et que c'est justement à partir de ces moments que nous sommes suffisamment éprouvés pour voir si nous sommes vraiment capables 1) de nous autodéterminer, 2) de nous commander de l'intérieur 3) et de ne laisser rien de ce qui se passer à l'extérieur travestir la qualité de notre leadership manifesté.

En réalité, la plupart des gens qui perdent la bataille intérieure et qui finissent par se laisser commander par les évènements et les attitudes extérieurs sont convaincus qu'ils sont extraordinaires et qu'ils n'ont pas eu d'autres choix que d'agir et de réagir tel qu'ils ont agi et réagi.

Mais la question en matière de leadership intérieur n'est pas de savoir si vous vous êtes bien comportés ou mais ce qui a commandé et instigué votre attitude et votre réaction.

1) Si ce sont vos valeurs et les résultats auxquels vous tenez, vous avez réussi à jouer efficacement le jeu intérieur du leadership.

2) Si ce sont les attitudes et réactions des autres qui les ont commandées, vous avez perdu le jeu intérieur du leadership.

Aussi simple que cela puisse paraître, ceux qui jouent efficacement le jeu intérieur du leadership en matière de commandement attitudinal se laissent commander de l'intérieur par leurs résultats. *Ils laissent leurs résultats devenir les dictateurs de leurs attitudes quoi qu'il en soit.*

1) Il y a des principes directeurs pour devenir un bon chrétien (cf la Bible). Si je les applique quelles que soient les circonstances je serai un bon chrétien.

   Devenir un bon chrétien est un **résultat personnel** que je dois me battre pour atteindre quel que soit ce que les autres sont, font et ont. Je ne peux pas dire que je suis devenu un mauvais chrétien parce que les autres ne m'auraient pas facilité la tâche.

2) Il y a des principes pour devenir un bon époux (épouse) (cf la collection Les Hommes viennent de Mars, les Femmes de Venus de John Gray ou les Langages de l'amour de Gary Chapman). Si je

les applique quelles que soient les circonstances je serai un bon époux (épouse).

Devenir un bon époux (épouse) est **un résultat personnel** que je dois me battre pour atteindre quel que soit ce que les autres sont, font et ont. Je ne peux pas dire que je suis devenu un mauvais époux (épouse) parce que les autres ne m'auraient pas facilité la tâche.

3) Il y a des principes directeurs devenir un bon manager (Cf Peter Drucker, Jim Collins, Le Manager Heureux, Méthodes de Leadership Gagnant). Si je les applique quelles que soient les circonstances je serai un bon manager.

Devenir un bon manager est **un résultat personnel** que je dois me battre pour atteindre quel que soit ce que les autres sont, font et ont. Je ne peux pas dire que je suis devenu un mauvais manager parce que mon cas était difficile, que les collaborateurs et les autres ne m'auraient pas facilité la tâche.

4) Il y a des principes directeurs devenir un bon ami et se faire des amis (Cf Comment se faire des amis et des livres écrits dans ce sens). Si je les applique quelles que soient les circonstances je serai un bon ami.

Devenir un bon ami et me faire des amis est **un**

résultat personnel que je dois me battre pour atteindre quel que soit ce que les autres sont, font et ont. Je ne peux pas dire que je suis devenu un mauvais ami et n'arrive pas à me faire des amis parce que les gens ne seraient plus dignes de confiance ou que la plupart des gens seraient trop intéressés.

Face à nos envies, nos tentations, nos peurs, nos colères, Nous devons nous arrêter et nous demander: *« Face à tout ça, qui je veux être et comment je dois réagir ? »*

Face aux situations et aux attitudes des autres, je dois me demander constamment : *« Quel type de leader, d'épouse/époux, de manager, de mère, de citoyenne ou de chrétienne je veux être et comment je dois réagir pour 'l'être ? »*.

Nous n'échouons pas à cause des autres et des événements. Nous échouons à cause de nos réactions et parce que nous avons laissé les événements nous faire oublier nos principes directeurs et les résultats que nous poursuivons dans la vie.

LES GENS QUI N'ONT AUCUNE CONVICTION PERSONNELLE ET DES VALEURS AUXQUELLES ILS CROIENT FONT SOUVENT PREUVE DE LÂCHETÉ ET N'ARRIVENT À RIEN FAIRE DE GRAND

Pour reprendre le contrôle et solidifier sa capacité de

commandement intérieur, il faut lister des principes et résultats auxquels l'on tient et se les rappeler constamment et surtout créer un vivier de gens qui nous l'exigent et nous contraignent à rester fidèles à nos engagements envers nous-mêmes et à nos résultats et objectifs déterminants, à nos principes directeurs.

Ensuite, il faut les internaliser, les ressentir fortement et les porter dans son coeur pour ne jamais les violer et continuer de faire preuve de grandeur malgré les épreuves.

Il faudra à cet effet se demander à chaque fois : **« Qu'est-ce qui importe pour moi et que je dois me rappeler pour ne pas me retrouver à faire quoi que ce soit qui m'en éloigne ?».**

Lorsque nous sommes secoués par les évènements, les attitudes et les circonstances extérieurs et que nous sommes sur le point d'oublier nos objectifs et nos principes directeurs qui doivent commander nos attitudes, nous devons nous arrêter et nous demander: *« Au fait, pourquoi c'est important pour moi de regarder constamment à mes résultats et rester fidèle à mes principes directeurs ? ».*

J'ai remarqué personnellement que ce n'est pas facile d'être un bon chrétien au 21è siècle. Déjà, c'est une aberration de parler de religion dans un livre de leadership. Bon, c'est plus politiquement correct de dire qu'on n'a pas de religion que de dire qu'on est chrétien ou musulman au 21è siècle. N'est-ce pas ? Ceci n'empêche pas que je fasse un témoignage quant à comment j'utilise les principes directeurs pour devenir un bon chrétien et le rester.

- Je lis un chapitre de la Bible chaque matin et parfois je me retrouve à vouloir m'éloigner de certains principes et préceptes bibliques mais le fait de méditer la Bible chaque matin fait que je les ai trop à l'esprit pour les violer – parfois certaines de mes méditations correspondent trop souvent à des remparts contre des tentations précises que j'ai.

- Je médite chaque jour un chapitre du livre des proverbes par exemple. Et même si j'ai souvent trop de propositions indécentes dehors, rien que la méditation trois jours par mois des chapitres 5, 6, 7 me permet d'avoir clairement à l'esprit que ce n'est pas bon de tromper sa femme, de séduire ou de coucher avec une femme d'autrui et ni de céder face aux avances d'une femme « allumeuse ».

- Même si ce n'est pas facile d'aller au culte du dimanche, rien que le fait de s'y présenter et de me méditer sur les textes et de me connecter avec le spirituel me permet de passer en revue mes tentations de dérapages et mes dérapages et de m'obliger à me corriger.

Je dois avouer que ce n'est pas facile de conserver ses principes directeurs à l'esprit mais la lecture, la méditation, le passage en revue de ces principes et la connexion avec eux permet de renforcer le commandement intérieur.

L'autre point intéressant selon moi, c'est l'attachement aux résultats qui fait que même si l'on a envie de violer les principes directeurs qui y conduisent, le fait de désirer un résultat précis et de détester le contraire vous oblige à vous appliquer.

Quelques exemples pratiques :

1) **RESULTATS DESIRES :** Avoir un ventre plat. **RESULTAT CONTRAIRE DETESTE :** Avoir un ventre en bidon.

   Je me sens tellement mal à l'aise quand j'ai du « bidon » que je m'applique toutes les règles pour garder mon ventre le plus plat possible (dormir à jeun si je dois manger après 20h, jeuner quand j'ai mangé à plusieurs reprises après 20heures, ne pas boire de l'eau glacé, éviter les mauvais mélanges, prendre les fruits avant le repas, ne pas prendre du lait⋯). Est-ce que c'est facile à faire ça ? Certainement pas !

   Mais je tiens tellement au résultat désiré et déteste

tellement l'effet contraire que je m'y contrains.

2) **RESULTATS DESIRES :** Me sentir bien dans ma peau tout le temps (ça libère tellement). **RESULTAT CONTRAIRE DETESTE :** Avoir du chagrin, de l'amertume et de la frustration (ça ronge tellement).

Je me sens tellement bien lorsque je pardonne, fais profil bas, suis de bonne humeur, demande pardon, rends servir, tolère les défaillances, garde le sourire et me contente du bonheur d'être utile et le contraire me ronge à tel point que je ne me demande même pas si l'autre fait bien. Ce qui compte pour moi c'est comment je veux me sentir (la réponse : je veux me sentir bien dans ma peau) au point où je suis prêt à tout pour ça. Est-ce que c'est facile à faire ça ? Certainement pas!

Mais je tiens tellement au résultat désiré et déteste tellement l'effet contraire que je m'y contrains.

3) **RESULTATS DESIRES :** Etre en harmonie avec ma légende personnelle (Je suis fluide et fais à peine de l'effort avec du résultat miraculeux). **RESULTAT CONTRAIRE DETESTE :** Viser le profit en dehors de l'accomplissement de ma légende personnelle (J'ai l'impression de forcer et les choses s'obtiennent difficilement).

J'ai la possibilité d'animer 10 jours de séminaire par mois et gagner 15 millions mais quand je m'y mets je gagne de l'argent mais je n'ai pas de l'épanouissement parce que ma légende personnelle, c'est de développer une entreprise qui va mobiliser le maximum de gens qui vont s'épanouir eux-mêmes en transformant des vies. Je me sens tellement mal à l'aise quand je m'en éloigne au point où je préfère m'enrichir à travers les autres au lieu de le faire directement.

Le dernier est plus rapide et juteux. Le premier est plus épanouissant. Comme je tiens à mon épanouissement, je travaille constamment sur le premier. Est-ce que je le fais par altruisme, parce que j'aime les gens et je veux leur bien ? Ca va bien au-delà ! C'est d'abord parce que j'y gagne plus spirituellement (et cela compte plus pour moi) que je préfère la première option.

Est-ce que c'est facile à faire ça ? Certainement pas ! Mais je tiens tellement au résultat désiré et déteste tellement l'effet contraire que je m'y contrains.

Lorsqu'on a des choses auxquelles on croit et auxquelles on tient plus que quoi que ce soit, c'est facile de ne pas laisser les évènements, propositions et attractions ou attitudes extérieurs vous distraire. Et pour ce qui est du commandement intérieur, il est encore plus facile d'avoir des idéaux de résultats auxquels l'on s'entraine à s'attacher au point de les préférer à quoi que ce soit d'autre. C'est alors qu'il vous sera très facile de les

laisser déterminer votre attitude et vos réactions.
C'est simple ! Quand on n'a pas d'objectif, de plan, de valeurs ni de principes auxquels l'on tient vraiment, il est facile de prendre n'importe quelle valeur, n'importe quel objectif, n'importe quel principe et n'importe quel plan. Il devient alors difficile de réussir à se commander à partir de l'intérieur.

PASSEZ METHODIQUEMENT A L'ACTION

Voici quelles méthodes essentielles que vous pouvez utiliser pour utiliser le pouvoir du commandement intérieur :

- **LA METHODE DE L'INDICATEUR DE L'ATTITUDE ADEQUATE**

    Si les autres ne font pas ce qu'ils doivent faire et que je sais ce que moi je dois faire, je dois pas tenir compte de leurs attitudes…Je dois leur indiquer à travers mon attitude la bonne attitude à avoir…

    Dans la pratique, c'est que je ne me demande pas si les autres ont été corrects ou pas. Je considère qu'il doit y avoir dans le jeu un leader qui peut montrer à travers sa réaction la bonne réaction et les bonnes attitudes à avoir. Je m'impose donc d'être ce leader et adopte l'attitude adéquate afin d'indiquer à qui doit le savoir la bonne chose à faire.

Quelles sont les situations dans lesquelles vous devez désormais utiliser cette méthode afin de jouer efficacement le jeu intérieur du leadership?

_____
_____
_____
_____
_____
_____
_____
_____
_____
_____
_____
_____
_____

- **LA METHODE DU RAPPEL DES PRINCIPES DIRECTEURS**

Elle consiste se répéter constamment avant, pendant et après des situations ou confrontations ce qu'on doit s'imposer d'obtenir comme résultats ainsi que les principes directeurs à respecter à la lettre et à s'imposer sans se poser des questions pour y arriver.

Dans la pratique, c'est de lire ses principes chaque jour lorsque c'est possible ou lire et méditer une partie et lorsqu'on est sur le point d'entrer sur les scènes de se challenger et se dire : « N'oublie pas qui tu dois être et pourquoi tu dois absolument tout faire pour l'être ». Après coup, se dire : « Tu vois pourquoi il faut rester fidèle à tes principes directeurs et les vivre constamment sans te poser de questions ? Allez, on continue comme cela car c'est ce qui donne son sens à la vie ».

Quelles sont les situations dans lesquelles vous devez désormais utiliser cette méthode afin de jouer efficacement le jeu intérieur du leadership?

_____
_____
_____
_____
_____
_____
_____

- **LA METHODE DE L'ELEVATION DU POSITIONNEMENT PERSONNEL**

Elle consiste à décider clairement de se mettre au-dessus des attitudes et réactions que le commun des mortels peut se permettre d'avoir et a souvent et se dire que puisqu'on vise un niveau supérieur, l'on doit s'imposer une réaction et une attitude supérieure.

Dans la pratique, lorsque je suis sur le point d'avoir une réaction ou attitude, je me demande : « Au fait, comment réagirait le commun des mortels face à une telle situation ? Si je dois être exceptionnel, faire la différence, manifester du leadership, quelle est l'attitude supérieure que devrait m'imposer d'avoir ? ». Une fois que j'ai une idée de l'attitude supérieure à avoir, je m'impose de l'avoir sans me poser de question.

Quelles sont les situations dans lesquelles vous devez désormais utiliser cette méthode afin de jouer efficacement le jeu intérieur du leadership?

_____
_____
_____
_____
_____
_____
_____
_____
_____
_____

- **LA METHODE DE LA REFERENCE AUX PRINCIPES DIRECTEURS PERSONNELS**

Elle consiste à se référer à ses principes directeurs internes pour savoir les attitudes à avoir au lieu de laisser les attitudes des autres nous distraire et diriger nos réactions et actions.

Dans la pratique, lorsque vous êtes face à une tentation ou une attitude facile que vous pensez que vous allez avoir mais qui est contraire à vos principes directeurs qui vous conduiront aux résultats désirés, vous vous demandez : « Ça, c'est ce que j'ai envie de faire et qui semble très facile et évident faire. Mais si je dois m'en tenir à mes résultats idéaux et aux principes directeurs pour les atteindre, qu'est-ce qu'ils m'imposent ? ».

Une fois que vous savez ce que vos principes directeurs vous imposent, vous ne vous posez plus de questions ; vous le faites peu importe ce que vous sentez personnellement.

Quelles sont les situations dans lesquelles vous devez désormais utiliser cette méthode afin de jouer efficacement le jeu intérieur du leadership?

_____

_____

_____

_____

- **LA METHODE DU RESSOURCEMENT REFERENTIEL**

Elle consiste à se connecter avec ses principes directeurs et les lieux où ils sont rappelés et magnifiés et ce de façon régulière et de manière à rester imbibé et ne pas les perdre de vue ni d'admettre trop banalement des choses qui y sont contraires…

Dans la pratique, elle consiste à utiliser les rituels comme la lecture méditative, la fréquentation de cercle où des gens qui croient aux mêmes idéaux se retrouvent et se ressourcer également dans des livres de références contenant les principes directeurs qui permettront de renforcer le commandement intérieur.

__Quelles sont les situations dans lesquelles vous devez désormais utiliser cette méthode afin de jouer efficacement le jeu intérieur du leadership__?

_____
_____
_____
_____
_____

LE POUVOIR DE LA BIENVEILLANCE STRATEGIQUE

Seul l'homme bienveillant sait quel bien cela lui fait intérieurement d'être bienveillant et quel pouvoir il a progressivement sur les choses et les relations à force d'être bienveillant ; même si à un moment donné les autres peuvent prendre sa bienveillance pour de la faiblesse, pour lui c'est tout simplement stratégique.

La bienveillance est l'aboutissement de la victoire intérieure

Deux personnes ont été blessées, spoliées et frustrées. Les deux sont totalement déchirées à l'intérieur d'elles-mêmes et ne recherchent qu'une seule chose: « se venger dès que la première occasion va se présenter».

Le premier s'est mis à maudire leur bourreau à l'intérieur de lui-même et s'est mis à se ronger. Le deuxième se demande : **« *Et si je décide de pardonner et de me montrer clément, comment est-ce que je me sentirais ?* ».**

Il s'est mis à faire un exercice qu'on appelle le « Split Test ». Il consiste à donner une forme ou un contraste de couleur à une conception graphique, l'afficher et voir ce que cela donne comme résultat et comment l'audience réagit également. En marketing, c'est une technique qui consiste à proposer plusieurs variantes d'un même objet qui diffèrent selon un seul critère afin de déterminer la version qui donne les meilleurs résultats auprès des consommateurs.

Il se dit : « Si je décide de le détester et de lui en vouloir à mort, comment je me sens ? ». Il se mit en condition d'expression de sa haine. Résultat : il se sent rongé, désespéré, amer, perdu, découragé, en désolation totalement, avec une colère destructrice qu'il pouvait sentir le ronger à l'intérieur de lui-même. C'était donc son option A de réponse donc.

Il se dit ensuite: « Si je décide de pardonner, d'aimer et de me montrer bienveillant, comment je me sens?»

Résultat : il a eu une bouffée d'oxygène. Il s'est senti libéré et totalement dégagé. Il avait l'impression d'avoir retrouvé une force puissante qui l'avait envahi comme s'il venait à nouveau de se connecter à une source d'énergie inépuisable.

Alors il se demanda : « Au fait, si je compare les deux options, dans quel cas je me fais plus de bien à moi-même et fais du bien aux autres ? ». Il s'est donc rendu compte de ce qu'en décidant de pardonner, d'aimer et de se montrer bienveillant, il se faisait plus de bien lui-même.

C'est alors qu'il s'est demandé : « Dans ce cas alors, pourquoi je ne décide pas de pardonner, de me montrer aimable, d'oublier et de me montrer bienveillant ? ». Finalement, il décida de se faire du bien lui-même et de faire du bien à ses bourreaux avec la claire conscience que c'était l'option qui non seulement était plus facile mais lui faisait plus du bien. Il s'était également rendu compte de ce que c'est parce que nous ne nous arrêtons pas souvent pour faire le « Split Test » pour voir clairement ce qui nous profite et nous arrange sur le court, moyen et long terme dans nos attitudes que nous laissons souvent nos propres choix nous ronger.
Si nous devons nous en tenir aux résultats du « Split Test » de la deuxième personne « victime », on peut se rendre compte de ce que le fait de se monter bienveillant lui est plus profitable.

Et comme vous pouvez bien vous en rendre compte, il a fait un travail à son niveau. Il a joué et gagné le jeu intérieur du leadership à son niveau sans se préoccuper de savoir si ses bourreaux avaient bien fait ou pas, étaient en droit ou pas, ont été corrects ou pas. La question la plus importante pour lui ici, c'était de vérifier ce qui lui profitait et lui faisait plus de bien quant à la réponse qu'il allait donner ou la réaction qu'il allait avoir face aux injustices et aberrations dont il a fait été objet.

C'est quand il a réussi à gagner la bataille intérieure -et plus précisément ici en faisant son split test - qu'il a pu pendre conscience de ce qui l'arrangeait plus. La bienveillance et les autres manifestations de notre attitude découlent en général des issues de nos batailles intérieures. On décide de se venger ou de se montrer conciliant (de pardonner) après une confrontation intérieure et c'est le résultat de cette confrontation qui nous inspire l'attitude à avoir.

Il va de soi que lorsqu'on n'a pas réussi à prendre le contrôle des tourments intérieurs que cela se solde par une attitude qui a priori est considérée par le commun des mortels comme l'attitude adéquate à avoir mais lorsqu'on fait les tests et les analyses profondes requis on se rend compte de ce qu'en définitive, cela ne nous est pas aussi profitable.

Une question pour vous : **« *Avez-vous l'habitude faire un split test avant de savoir quelle attitude avoir dans une situation donnée ? A quel point vous travaillez à jouer dans un premier temps* *le jeu intérieur du leadership avant d'essayer de jouer les jeux extérieurs ? »*.

En effet, si on prend la bienveillance, une personne qui arrive à faire son split test saura définitivement qu'il n'est pas bête d'être bon.

La bonté est l'outil de leadership le plus puissant qui soit

Il n'est pas bête d'être bon. Au contraire, la bonté est stratégique, immunisante et thérapeutique.

Elle est l'outil de leadership et d'influence le plus percutant qui soit... Les gens suivent facilement ceux qui leur ont fait du bien plus que quiconque si bien que si je me montre bienveillant et fais du bien aux gens, je vais devenir le leader de beaucoup parmi eux. La bonté et la bienveillance de ce fait sont des outils de leadership par excellence.

Savez-vous que chaque fois que nous prenons du plaisir à poser des actes de bonté nous secrétons de l'endorphine qui accélère la sécrétion de la dopamine, hormone responsable de la régénération et du renouvellement des cellules (avec le renforcement du système immunitaire et la lutte contre les rides/le vieillissement)?

Mieux, lorsque nous faisons preuve de bienveillance,

de patience, de gentillesse et de générosité, nous secrétons une autre hormone appelée l'ocytocine, celle-là responsable de l'optimisation de la zone du cerveau qui gère le niveau de courage et de confiance? Raison pour laquelle les gens "sévères et méchants" se sentent constamment en insécurité comme les dictateurs paranoïaques ?

Pour finir, si vous êtes triste, sortez et posez un acte de bonté, vous verrez comment vous retrouverez votre joie de vivre.

La bonté est stratégique et lorsque vous la pratiquez, vous devenez attractif et charismatique... Non seulement vous améliorez votre image de marque, mais vous rendez progressivement les gens redevables et prêts à tout vous donner pour manifester leur gratitude... Et c'est ainsi que vous devenez leur leader charismatique...

La gâchette (la fermeté) facile est le propre des gens qui ne font pas d'exercices intérieurs

La bienveillance d'un leader est souvent considérée comme une faiblesse. Et pourtant l'habitude d'être bienveillant rend le leader plus redoutable que l'habitude d'être ferme et sévère.

A vrai dire, les seuls qui vont trop vite en besogne sont sans aucun doute, ceux qui ne s'arrêtent pas en général pour jouer le jeu intérieur du leadership. En terme simple, on dira qu'ils n'ont pas pris le soin de prendre du recul. Car en effet, quelle que soit la situation qui se présente, nous avons la possibilité de prendre du recul, d'entrer en nous-mêmes et faire les analyses nécessaires pour évaluer les options qui nous arrangent véritables.

Et véritablement, pour ce qui concerne la manifestation de la bienveillance, la plupart des gens qui ont la gâchette facile et dégainent à la moindre provocation ne savent certainement pas qu'il y a une pouvoir plus puissant qu'ils peuvent utiliser et avoir l'influence qu'ils essaient d'avoir en utilisant la punition et « la raison d'état » à tout bout de champ.

Face aux défaillances des collaborateurs, sachez que vous pouvez vous montrer bienveillant ou balancez le "Killing Shot" (coup fatal) de la rigueur ou de la fermeté. Lorsque nous privilégions en général la fermeté ou la rigueur de façon systématique, c'est certainement parce que nous nous ne sommes pas arrêtés pour faire le split test. Faisons quelques simulations pour vous.

Supposons que vous avez êtes un expert consultant dans un domaine donné. Un ami à vous décide de solliciter vos services – sauf qu'il ne compte pas payer et il vous l'a dit clairement. Le défi, c'est qu'à force d'aider les gens sans les facturer, vous vous êtes rendu compte de ce que les gens vous aiment bien mais qu'ils exagèrent et puis de toutes les façons, vous êtes souvent en difficulté financière et les gens se moquent secrètement de vous. Pour pallier à cet état de chose, vous avez décidé de ne plus offrir de la consultation gratuite. Voici que la sollicitation s'est présentée.

OPTION 1 : Vous décidez de ne pas répondre favorablement. 1) Vous avez l'opportunité de rester chez vous et terminer un rapport que vous allez déposer et vous faire payer les honoraires d'une mission précédente. 2) Vous avez également le temps de vous occuper de votre famille. Vous vous sentez gêné de n'avoir pas été utile à un ami. 3) Vous venez d'avoir une personne qui n'aura aucune obligation de vous être utile lorsque vous aurez besoin de ses services (gratuits). 4) Vous avez l'impression de manquer d'énergie et n'arrivez pas vraiment à vous concentrer sur votre rapport. 5) Vous avez l'impression de n'avoir pas su rendre votre journée aussi utile que cela se devait.

OPTION 2 : Vous décidez de répondre favorablement: 1) Vous allez devoir veiller pour faire le rapport de votre mission. 2) Vous avez appris de nouvelles choses et avez été inspiré par des nouveaux outils qui vont vous aider sur vos prochaines missions payantes. 3) Vous avez dû dépenser votre propre argent. 4) Vous avez eu le plaisir d'avoir pu vous mettre au service d'un ami. 5) Votre ami a été épaté par votre générosité et vous a donné un chèque sous forme d'honoraire forfaitaire. 6) Vous vous sentez vraiment bien dans votre peau à l'idée d'avoir pu être utile. 7) Vous êtes plein d'énergie et lorsque vous êtes rentré chez vous, vous étiez empli de ce bonheur et avez trouvé les ressources pour travailler sur votre rapport.

Lorsque vous faites le point, laquelle des options vous arrange-t-elle plus et vraiment ?

Vous devez licenciez un collaborateur qui ne fait que récidiver et vous vous étiez promis la dernière fois que s'il se permet encore de faire la même chose, vous n'aurez pas d'autres choix que de le renvoyer – surtout que la fois précédente la plupart des gens ont trouvé que vous avez manqué de fermeté.

OPTION 1 : Vous décidez de le licencier. 1) Vous avez pu montrer aux autres que si une personne se permet des écarts il va subir le même sentence. 2) Désormais vos collaborateurs savent que vous pouvez licencier et font attention à leurs attitudes. 3) Vous faites le point et vous voyez que vous a été tout simplement ferme et que vous n'avez rien fait de mal. 4) Vous n'avez pas été bienveillant et vous n'avez rien fait d'extraordinaire par rapport au commun des managers. 5) Vous avez l'impression d'avoir finalement fait ce que vous avez pendant longtemps refusé de faire et ne vous êtes surtout pas montré exceptionnel. 6) Vous tirez de là la leçon que désormais vous n'attendrez plus aussi longtemps avant de licencier. 7) Licencier sans essayer de former et de coacher est devenue votre solution clé.

OPTION 2 : Vous décidez de ne pas le licencier: 1) Vous vivez la joie d'avoir été clément et d'avoir donné une chance à une personne comme la vie vous en a donné. 2) Les gens autour de vous ont l'impression que vous avez été encore faible. 3) Vous profitez de l'opportunité pour élaborer un programme de coaching pour transformer le collaborateur. 4) Il s'est appliqué et vous avez réussi à relever le défi. 5) Il est marqué définitivement par la transformation que vous avez opérée en lui et vous êtes fier d'avoir relevé le défi. 6) Vous savez désormais qu'avant d'essayer de licencier, il y a bien de choses que vous pouvez essayer.

Lorsque vous faites le point, laquelle des options vous arrange-t-elle plus et vraiment ?

La plupart des managers ont la gâchette facile et dégainent à la moindre faille alors que les leaders bienveillants sont redoutables et attendent au carrefour, avec la possibilité d'utiliser les cartouches de la fermeté à tout moment...Vous pouvez être ferme à tout moment mais tout le monde peut le faire. Tâchez de faire la différence et jouir le plus longtemps possible des bienfaits de la bienveillance.

Seuls les gens en sécurité et sûrs de pouvoir continuer d'en avoir font des faveurs et sont généreux

L'avantage d'être le leader dans une relation, c'est de faire gagner l'autre sans véritablement perdre...de faire des faveurs, de se montrer bienveillant, d'éduquer et accompagner avec patience pour gagner le droit d'être ferme quand cela s'impose...

Cela nécessite une grandeur d'âme et de la capacité à prendre du recul. Cela est possible lorsque vous décidez de cultiver le leadership intérieur et opérer non sur la base des attitudes des autres mais des résultats précis que vous voulez avoir.

Sachant que seul le leader peut faire des faveurs et que les autres ne peuvent que se montrer rebelles et irrespectueux ou récidivistes, si vous voulez manifester du leadership, ne vous laissez jamais distraire par l'attitude des autres. N'utilisez pas trop tôt vos prérogatives de la punition.

Mieux, l'autre niveau de manifestation de la grandeur en leadership et de la sérénité intérieure dont nous parlons depuis le début de ce livre, c'est la capacité à faire confiance et surtout à refaire confiance, à décider stratégiquement d'être à nouveau bienveillant quand bien même les gens n'ont plus de mérite.

Le leader qui arrive à jouer efficacement le jeu intérieur du leadership sait que la confiance en soi et la confiance aux autres est une affaire intérieure.

Les gens qui sont forts à l'intérieur d'eux-mêmes et conscients de leurs forces sont suffisamment confiants pour faire confiance aux autres et le fait que les autres trahissent leur confiance n'enlève rien à leur confiance intrinsèque.

Quelques précisions au sujet de la confiance. Nous allons partir du niveau de confiance intérieure faible à un niveau plus élevé.

1) **La confiance se valide... On fait confiance avant de savoir si cela valait la peine.** L'une des raisons pour lesquelles il faut faire confiance, c'est que la confiance se valide. Il faut faire confiance en avant de savoir qu'une personne ne mérite pas ou n'est pas digne de confiance.

    Du coup, au lieu de se baser sur la trahison subie (ou parfois apprise) de la part d'une personne pour ne pas faire confiance, les leaders qui pratiquent la bienveillance stratégique font tout simplement confiance à une personne à qui ils n'ont jamais confiance. Et si la personne ne se montre pas digne, ils vérifient ensuite s'ils doivent lui faire confiance à nouveau.

En fait, ce n'est pas à nous de vérifier si les gens sont dignes de confiance. C'est à eux de se montrer digne de confiance. Et si une personne ne se montre pas digne de confiance, nous avons la possibilité de lui donner une nouvelle chance ou non.

2) **On ne fait rien de mal à faire confiance.** Celui qui fait confiance n'a aucun défi à relever et surtout n'a rien fait de mal. C'est celui qui n'a pas su se montrer digne de confiance qui a quelque chose à corriger.

Du moins, c'est ainsi que les leaders qui utilisent la bienveillance stratégique voient les choses. Le défi de la dignité n'est pas lancé à celui qui fait confiance mais plutôt à celui à qui on fait confiance. Du coup, celui qui fait confiance n'a jusque-là rien fait de mal.

3) **Il faut de la grandeur pour faire délibérément confiance.** Le niveau de maturité le plus élevé en confiance, c'est lorsque tu fais confiance en te disant que c'est ce que tu avais à faire peu importe si les autres sont dignes ou pas.

Lorsque je confie un projet important à un collaborateur, la question n'est pas de savoir s'il mérite une telle confiance. La question, c'est de savoir si j'ai suffisamment confiance en moi pour ne pas trembler à l'idée de faire confiance. Parce que seuls ceux qui ne tremblent pas à l'idée de faire confiance sont solides à l'intérieur d'eux-mêmes.

Ceux qui tremblent à l'idée de faire confiance par contre se disent que tout va être foutu en l'air s'ils font confiance aux autres. Ils se sentent vraiment en insécurité, c'est pour cela qu'ils ne peuvent se permettre de livrer tout ce qu'ils ont à qui que ce soit.

4) **Les gens qui sont bienveillants et généreux sont tellement confiants qu'ils n'ont pas besoin de prendre des dispositions sécuritaires particulières.** Une personne généreuse peut déposer son portemonnaie, laisser ses liasses de billets dans l'armoire, laisser trainer sa montre en or, n'a pas de code sur son téléphone – sauf lorsque le système d'exploitation l'y oblige.

Par contre, celui qui ne sent pas en sécurité, va souscrire à un contrat de sécurité privée, aura des caméras partout, mettra ses biens précieux dans un coffre-fort, doublera les serrures de sa chambre, mettra des grilles électriques et des bandes ultra-violets sur sa porte d'entrée et tout le reste···Que pensez-vous ? Il n'est pas sûr de pouvoir en avoir d'autres si on lui vole ce qu'il a. Il n'a vraiment pas confiance à ses réelles capacités de remontée de la pente en cas de chute.

Est-ce qu'on a besoin de prendre des dispositions sécuritaires ? Certainement ! Mais ceux qui n'ont pas confiance en eux-mêmes ont tendances à en prendre trop comme celui qui ne fait confiance à aucun comptable ni financier si ce n'est lui-même…

5) **La trahison est une indication de la fragilité de la relation de leadership et seul le leader peut la solidifier** et apporter une telle valeur à la relation au point où les gens ne peuvent se permettre de la risquer en le trahissant.

Lorsqu'une personne trahit notre confiance, c'est parce qu'elle peut se le permettre et qu'elle pense qu'elle n'a rien à perdre… Ce qui veut dire que nous ne lui apportons rien de critique ni de déterminant.

Pourquoi pensez-vous qu'une femme tromperait son mari ou qu'un homme trompera sa femme ? Parce qu'elle ou il pense qu'ils peuvent se le permettre sans rien risquer. Si vous avez une valeur pour la personne, il doit arriver un moment où il ou elle va se dire : **« *Je peux faire ça à tout le monde sauf lui/elle. Je ne peux pas faire cela à* … ».**

Mais si elle ou il pense qu'il ou elle peut se le permettre, il vous reste à vérifier comment vous allez faire pour devenir la personne à qui il ou elle ne peut pas se permettre de le faire ou comment vous allez faire pour que vos rapports soient à un tel niveau avec les gens qu'ils ne peuvent pas se permettre de vous trahir.

A partir du moment où vous comprenez que c'est à vous de faire le travail que vous devez faire, vous êtes en train de réussir à jouer efficacement le jeu intérieur du leadership.

6) **Le renouvellement de la confiance « non méritée » est le niveau le plus élevé de bienveillance et de la sécurité intérieure.** Qui peut montrer qu'il n'a pas peur d'être trahi si ce n'est celui qui se permet de faire à nouveau confiance à une personne qui l'a trahi par le passé et a montré clairement qu'elle n'en est pas digne ?

Qui peut selon vous se permettre de prendre un tel risque si ce n'est la personne qui sait qu'elle est solide à l'intérieur d'elle-même et que rien de ce que les autres peuvent faire ne diminuera en rien sa valeur.

Dans le jeu intérieur du leadership, on dira que cette personne est prospère et en sécurité à l'intérieur d'elle-même. On dira d'elle qu'elle a réussi à gagner ses batailles intérieures et se trouve tellement en sécurité qu'aucune défaillance extérieure ne peut l'ébranler.

L'idée que celui qui fait confiance aux autres n'est pas bête mais se montre plus fort à l'intérieur de lui-même que celui qui dégaine et expose ses fragilités intérieures montre clairement que les vraies batailles en leadership sont d'abord intérieures et qu'il faut les gagner pour manifester du leadership à l'extérieur.

PASSEZ METHODIQUEMENT A L'ACTION

Voici quelles méthodes essentielles que vous pouvez utiliser pour utiliser le pouvoir de la bienveillance stratégique :

- **LA METHODE DU « SPLIT TEST »**

    Elle consiste à prendre du recul et voir ce qui arrange plus en terme de sensation intérieure durable et de force mentale, spirituelle et sociale suivant qu'on adopte une attitude ou l'autre.

    Dans le cadre spécifique de la bienveillance, le split test permet de voir qu'il y a bien d'avantages pour le leader à être bienveillant qu'il ne se demande même plus si les autres ont du mérite ou pas. Il se contente de faire ce qui est bien et va lui procurer du bien.

Quelles sont les situations dans lesquelles vous devez désormais utiliser cette méthode afin de jouer efficacement le jeu intérieur du leadership?

_____
_____
_____
_____
_____

- **LA METHODE DE LA CONCENTRATION SUR LE BONHEUR D'AVOIR ETE UTILE**

Elle consiste à ne pas s'en prendre aux gens pour leur traitrise et leur ingratitude et se dire qu'on avait fait la bonne chose à faire au moment où on leur a fait confiance et a été bon et correct avec eux.

Dans la pratique, elle consiste à se dire : « Au fait, il était question pour moi d'être utile et j'ai pris du plaisir à être utile. J'ai eu ma récompense le jour-là même et ce que l'autre fait aujourd'hui n'y enlève rien. J'ai pris du plaisir et je m'en contente ».

Quelles sont les situations dans lesquelles vous devez désormais utiliser cette méthode afin de jouer efficacement le jeu intérieur du leadership?

_____
_____

_____

_____

_____

- **LA METHODE DE LA GENEROSITE ABONDANTE**
  Elle consiste à être abusivement généreux avec une personne parce que vous ne visez qu'un seul objectif: qu'il finisse par savoir que vous êtes la personne avec qui elle se doit le plus d'être correcte.

  Dans la pratique, elle consiste à faire la liste des choses essentielles déterminantes dont une personne a besoin et les lui faire pour devenir la personne qui lui aura rendu service plus que quiconque, à qui elle est redevable, avec qui elle réussit et qui l'aura aidé plus que quiconque.

  Quelles sont les situations dans lesquelles vous devez désormais utiliser cette méthode afin de jouer efficacement le jeu intérieur du leadership?

  _____

  _____

  _____

  _____

- **LA METHODE DU RENFORCEMENT DE LA CONFIANCE HORMONALE**

  Elle consiste à utiliser délibérément la gentillesse et la bienveillance pour augmenter le taux d'ocytocine dans son corps et renforcer les zones du cerveau qui gèrent le renforcement du courage et de la confiance en soi, devenir encore plus bienveillant envers les autres.

Dans la pratique, cette méthode consiste à se dire constante : « En fait, lorsque je suis gentil et bienveillant, c'est d'abord pour des raisons personnelles de bonne santé, de sécurité intérieure, de prospérité et de courage intérieurs. Je suis content que cela fasse bien aux gens mais c'est à moi que cela fait du bien en premier ?».

Quelles sont les situations dans lesquelles vous devez désormais utiliser cette méthode afin de jouer efficacement le jeu intérieur du leadership?

_____
_____
_____
_____
_____

- **LA METHODE DU RENFORCEMENT DU COFFRE INTERIEUR**

Elle consiste à renforcer solidement les bases de ma confiance interne au point où quel que soit ce que les autres m'enlèvent il me reste tellement de choses que je n'ai jamais l'impression d'avoir été spolié.

Les gens qui se concentrent à continuer de s'améliorer et s'offrent les chances de s'améliorer ont rarement le sentiment que quelqu'un puisse les rendre vulnérable.

Dans la pratique, il est question d'augmenter les choses sur lesquelles on compte et qui nous rendent serein (la foi, le patrimoine technique, l'aisance en création de richesse, le patrimoine financier, un réseau d'ami, la force physique et mentale, la capacité à reprendre à zéro) au point où l'on n'a plus peur qu'une attaque extérieure puisse nous empêcher de rebondir et de nous reprendre de plus belle.

Quelles sont les situations dans lesquelles vous devez désormais utiliser cette méthode afin de jouer efficacement le jeu intérieur du leadership?

_____
_____
_____
_____
_____
_____
_____

Le Jeu Intérieur du Leadership

Achevé d' imprimer le 16 juillet 2018
Sur les Presses de HIGH PRINTS AFRICA
Mise en page : HYPCOM
Tous droits réservés@Hermann H. **CAKPO**

www.ingramcontent.com/pod-product-compliance
Lightning Source LLC
Chambersburg PA
CBHW030623220526